No. 01

一字漢字の読み①

1 次の太字の漢字の読みがなを書きなさい。（5点×20）

(1) 父の**跡**を継《つ》ぐ。
(2) 野生の**猿**を観察する。
(3) 候補者として彼《かれ》を**薦**める。
(4) **狂**おしいまでの思い。
(5) 落ち込《こ》んだ友人を**慰**める。
(6) 死者の魂《たましい》を**弔**う。
(7) 期待に胸が**膨**らむ。
(8) 暗やみで**鉢**合わせになる。
(9) 新入生の歓迎会《かんげいかい》を**催**す。
(10) **臭**いどぶ川を掃除《そうじ》する。
(11) 難病と**闘**う友人を励《はげ》ます。
(12) 親元を**離**れて暮らす。
(13) 悔《くや》しくて**唇**をかむ。
(14) 考え方が**偏**る。
(15) 疲《つか》れて**泥**のように眠《ねむ》る。
(16) 机の**脚**がぐらつく。
(17) コートの**襟**を立てる。
(18) 思いの**丈**を打ち明ける。
(19) 話をかみ**砕**いて伝える。
(20) 梅干しを**漬**ける。

得点UP

❶ (3)「薦める」は、「相手が採用するように人やものを褒《ほ》める」の意味。同訓異字に「進める」「勧める」がある。
(14)「偏る」は、「中心から外れて一方に寄る」の意味で、「片寄る」とも書く。

START　GOAL

一字漢字の読み②

月　日

点

合格点：80点／100点

1 次の太字の漢字の読みがなを書きなさい。（5点×20）

(1) 疲《つか》れて動きが**鈍**くなる。（　　）

(2) **泡**を食って逃《に》げ出す。（　　）

(3) **肝**をつぶすような事件。（　　）

(4) **酢**の物を食べる。（　　）

(5) 国の行く末を**憂**える。（　　）

(6) 気を緩《ゆる》めぬよう**戒**める。（　　）

(7) 風**薫**るさわやかな季節。（　　）

(8) 鉄の**扉**を開ける。（　　）

(9) 世《せ》間《けん》体《てい》を**繕**う。（　　）

(10) さんご**礁**を保護する。（　　）

(11) きれいな**沢**の水を飲む。（　　）

(12) 腰《こし》を**据**えて勉学に励《はげ》む。（　　）

(13) 固い友情を**誓**い合う。（　　）

(14) 戦火に逃げ**惑**う人々。（　　）

(15) **僕**なりの意見を述べる。（　　）

(16) 花《か》瓶《びん》に花を**挿**す。（　　）

(17) 水中の微《び》生《せい》物《ぶつ》が**殖**える。（　　）

(18) 新しい**靴**を履《は》く。（　　）

(19) 自分の意志を**貫**く。（　　）

(20) 契《けい》約《やく》を白紙に**戻**す。（　　）

得点UP

1 (2)「泡を食う」は「驚《おどろ》き慌《あわ》てる」、(3)「肝をつぶす」は「非常に驚く」の意味の慣用句。
(15)「僕」は、同じ部分をもつ「撲滅《めつ》」の「撲」と同じ音読み。

一字漢字の読み③

点
合格点：80点／100点

1 次の太字の漢字の読みがなを書きなさい。（5点×20）

(1) **杉**でできたまな板。（　　）
(2) 職人が技《わざ》を**磨**く。（　　）
(3) **擦**り傷ができる。（　　）
(4) **軟**らかい地盤《じばん》の土地。（　　）
(5) **怖**いもの知らずの言動。（　　）
(6) 草木が生《お》い**茂**る。（　　）
(7) 庭で**蚊**に刺《さ》される。（　　）
(8) 川に橋を**架**ける。（　　）
(9) 先生に**褒**められる。（　　）
(10) **棺**おけをかつぎ出す。（　　）
(11) 土俵の外へ**突**き出す。（　　）
(12) **岬**の灯台に明かりがつく。（　　）
(13) 下駄《げた》を**履**いて歩く。（　　）
(14) **傘**を持って出かける。（　　）
(15) 情報が外部に**漏**れる。（　　）
(16) そびえ立つ**峰**を目指す。（　　）
(17) 契約書《けいやくしょ》の末尾《まつび》の**但**し書き。（　　）
(18) **窯**で焼いたピザを食べる。（　　）
(19) **醜**い争いはやめる。（　　）
(20) 我《わ》が身の不運を**嘆**く。（　　）

得点UP

1 (4)「軟らかい」は、同訓異字「柔らかい」との意味・用法の違《ちが》いに注意。「軟」の反対は「硬」。
(17)「但し書き」は、「『但し』と断って、本文に対して条件や例外を付け加えた文」の意味。

一字漢字の読み④

月　日

点

合格点：80点／100点

1 次の太字の漢字の読みがなを書きなさい。（5点×20）

(1) 新聞に広告を**載**せる。（　　）

(2) 切った枝を**縄**でくくる。（　　）

(3) 客にお**酌**をする。（　　）

(4) 予算の**枠**を超《こ》える。（　　）

(5) スピードを**緩**める。（　　）

(6) **懲**りずに何度も練習する。（　　）

(7) 高い目標を**掲**げる。（　　）

(8) 二人の間の**溝**を埋《う》める。（　　）

(9) 友人との別れを**惜**しむ。（　　）

(10) 漁船で**沖**まで出る。（　　）

(11) 花の**茎**を折る。（　　）

(12) 互《たが》いに手を**携**える。（　　）

(13) ライバルに勝負を**挑**む。（　　）

(14) 聴衆《ちょうしゅう》に感銘《かんめい》を**与**える。（　　）

(15) 学費を自分で**稼**ぐ。（　　）

(16) 親の愛情に**飢**える。（　　）

(17) 隣人《りんじん》から迷惑《めいわく》を**被**る。（　　）

(18) **麻**でできたブラウス。（　　）

(19) 悪事を**企**てる。（　　）

(20) 冬の畑に**霜**が降りる。（　　）

得点UP

1 (3)「酌」は、「杯《さかずき》にお酒をつぐこと」の意味。「酌量」の「酌」は、「事情をくむこと」の意味を表す。
(13)「挑む」は、「戦いをしかける」の意味。形の似た「眺」の訓読みは「なが（める）」。

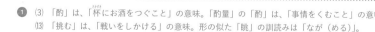

月　日

一字漢字の読み⑤

点

合格点：80点／100点

1 次の太字の漢字の読みがなを書きなさい。（5点×20）

(1) 毎日みそ**汁**を飲む。（　　）
(2) 飼い**猫**が子供を産む。（　　）
(3) 野原で花を**摘**む。（　　）
(4) 危険も**顧**みず突《つ》き進む。（　　）
(5) 美しい景色を**眺**める。（　　）
(6) 会社の**寮**に入る。（　　）
(7) 血液が体内を**巡**る。（　　）
(8) 争いの**渦**に巻き込《こ》まれる。（　　）
(9) 川べりを**蛍**が飛び交《か》う。（　　）
(10) おかしくて、つい**噴**き出す。（　　）
(11) ゆで卵の**殻**をむく。（　　）
(12) 相手への返事を**渋**る。（　　）
(13) 大臣の位にまで**昇**る。（　　）
(14) 大きな肉の**塊**を焼く。（　　）
(15) 自分の罪を**償**う。（　　）
(16) 小高い**丘**の上の教会へ行く。（　　）
(17) 足音を**忍**ばせて近寄る。（　　）
(18) 桜の開花を待ち**焦**がれる。（　　）
(19) 会議は**既**に終了《しゅうりょう》した。（　　）
(20) 血《ち》眼《まなこ》で犯人を**捜**す。（　　）

得点UP

1 (6) 「寮」は、「寄宿舎」の意味。同じ音読みで同じ部分を持つ字に、「仲間。役人」の意味の「僚」がある。
(20) 「捜す」は見えなくなったもの、同訓異字「探す」は欲《ほ》しいものを見つけ出すときに使う。

一字漢字の読み⑥

月　　日

点

合格点：80点／100点

1 次の太字の漢字の読みがなを書きなさい。（5点×20）

(1) 軽率《けいそつ》な言動を**慎**む。（　　）

(2) 相手の弱味を**盾**に取る。（　　）

(3) 毎週水曜日に**塾**に通う。（　　）

(4) **柳**に風と受け流す。（　　）

(5) 両者の考えは**隔**たっている。（　　）

(6) 二つを**併**せて考える。（　　）

(7) 部屋に新しい**棚**を置く。（　　）

(8) 雑踏《ざっとう》を**縫**うように進む。（　　）

(9) のどの**渇**きをいやす。（　　）

(10) 空き**缶**を捨てる。（　　）

(11) **漆**の器《うつわ》に盛り付ける。（　　）

(12) 寝不足《ねぶそく》で**肌**が荒《あ》れる。（　　）

(13) 危険を**冒**して旅に出る。（　　）

(14) 大きな魚を**釣**り上げる。（　　）

(15) 一日中、気持ちが**沈**む。（　　）

(16) 部屋の**隅**に片付ける。（　　）

(17) 家賃の支払《しはら》いが**滞**る。（　　）

(18) 高原に**涼**しい風が吹《ふ》く。（　　）

(19) 祖父の**喪**に服す。（　　）

(20) 的の中央をねらって**撃**つ。（　　）

得点UP

1 (4)「柳に風」は、「相手に逆らわずに軽く受け流す様子」の意味。
(16)「隅」は、「囲まれた区域の端《はし》」の意味。音読みは、同じ部分をもつ「偶」「遇」と同じ「グウ」。

熟語の読み①

点

合格点：80点／100点

1 次の太字の漢字の読みがなを書きなさい。（5点×20）

(1) 看護師が**患者**を気《き》遣《づか》う。

(2) **厄介**な手続きを行う。

(3) **昆虫**図《ず》鑑《かん》で調べる。

(4) 母が**化粧**をする。

(5) **誘拐**事件が解決する。

(6) 流行が時代と共に**変遷**する。

(7) 劇団を**主宰**する。

(8) 医師の**診察**を受ける。

(9) 火を通して**殺菌**する。

(10) オリンピック**発祥**の地。

(11) 他人から**侮辱**される。

(12) **漠然**とした不安を抱《いだ》く。

(13) 汚《よご》れた体操着を**洗濯**する。

(14) **懸命**な努力を続ける。

(15) **封筒**に切手を貼《は》る。

(16) 全国大会を**制覇**する。

(17) はしかの**免疫**ができる。

(18) 有名な**料亭**で食事する。

(19) 皆《みな》が**一斉**に走り出す。

(20) 山中で**銃声**が聞こえる。

得点UP

1 (10)「発祥」は、「物事が新しく起こり始まること」の意味。
(16)「制覇」は、ここでは「競技などで優勝すること」の意味。「征服《せいふく》すること」の意味もある。

熟語の読み②

月　日

点

合格点：80点／100点

1 次の太字の漢字の読みがなを書きなさい。（5点×20）

(1) **充実**した生活を送る。（　　）
(2) 人命救助で**表彰**される。（　　）
(3) 福祉《ふくし》事業に**生涯**を捧《ささ》げる。（　　）
(4) 事故の原因を**分析**する。（　　）
(5) 作曲家の**肖像画**が並ぶ。（　　）
(6) 安易に**妥協**しない。（　　）
(7) 教師と父母の**懇談会**。（　　）
(8) 野球部の**監督**が替《か》わる。（　　）
(9) **渓流**で魚を釣《つ》る。（　　）
(10) 敵陣《てきじん》の**偵察**に出かける。（　　）
(11) **満塁**ホームランを打つ。（　　）
(12) 古代の**貝塚**が発見される。（　　）
(13) 母は小学校の**教諭**だ。（　　）
(14) しばらく自宅で**謹慎**する。（　　）
(15) 和《なご》やかな**雰囲気**が漂《ただよ》う。（　　）
(16) 昔の友人と**疎遠**になる。（　　）
(17) 家出人を**捜索**する。（　　）
(18) スペイン**王妃**が来日する。（　　）
(19) 奇跡《きせき》の**生還**を果たす。（　　）
(20) **紳士**用品の売り場。（　　）

得点UP

1 (7)「懇」は、「心を込《こ》める」の意味。「荒《あ》れ地を開いて耕す」の意味で同じ音読みの「墾」と使い分ける。
(11)「満塁」は、「野球で、三つの塁すべてに走者がいること」の意味。「塁」と形の似た「累」も同じ音読み。

START　GOAL

熟語の読み③

月　日

点

合格点：80点／100点

1 次の太字の漢字の読みがなを書きなさい。（5点×20）

(1) 虫が病原菌《きん》を**媒介**する。

(2) 国から**勲章**を授与《じゅよ》される。

(3) 島で**唯一**の民宿。

(4) **寛大**な心で接する。

(5) **婚姻**届けを提出する。

(6) 民事**訴訟**を起こす。

(7) 心の**垣根**を取り払《はら》う。

(8) **水仙**の花が咲《さ》く。

(9) 強盗《ごうとう》が**刃物**を振《ふ》り回す。

(10) トマトを**栽培**する。

(11) 時間を**無駄**にする。

(12) 人の出入りが**頻繁**だ。

(13) **真珠**のネックレス。

(14) 物事を深く**洞察**する。

(15) うにの**軍艦**巻きを食べる。

(16) 労働条件について**交渉**する。

(17) **建坪**三十坪の家に住む。

(18) **俊敏**な動きの選手。

(19) 各国の**紙幣**を集める。

(20) **顕著**な功績をあげる。

得点UP

1 (7)「垣根」は、ここでは「間を隔《へだ》てるもののたとえ」の意味。「垣」は「恒」と間違《まちが》えて「コウ」と読まない。
(19)「幣」は、「お金」の意味。同じ音読みで同じ部分をもつ「弊」は、「疲《ひ》弊・弊害・弊社」のように使う。

熟語の読み④

月　日

点

合格点：80点／100点

1 次の太字の漢字の読みがなを書きなさい。（5点×20）

(1) 市内を**循環**するバス。（　　）

(2) 飛行機に**搭乗**する。（　　）

(3) 課長の**補佐**を務める。（　　）

(4) 人体を**解剖**する。（　　）

(5) 物事を**迅速**に処理する。（　　）

(6) 数々の**傑作**が生まれる。（　　）

(7) 両国間に**摩擦**が生じる。（　　）

(8) 手作業で**丁寧**に仕上げる。（　　）

(9) 自分の主張を**頑固**に通す。（　　）

(10) 機内で**耳栓**をして寝《ね》る。（　　）

(11) 教育雑誌を**購読**する。（　　）

(12) **怠惰**な生活を改める。（　　）

(13) **鉄瓶**でお湯を沸《わ》かす。（　　）

(14) 俳優が**自叙伝**を出す。（　　）

(15) 代金を**一括**して支払《しはら》う。（　　）

(16) 卒業生に花束を**贈呈**する。（　　）

(17) 三つの**選択肢**から選ぶ。（　　）

(18) **浴槽**につかって温まる。（　　）

(19) **管弦**楽団の演奏を聴《き》く。（　　）

(20) 彼女《かのじょ》は自意識**過剰**だ。（　　）

得点UP

1 (2)「搭」は、「乗る。乗せる」の意味。同じ音読みで同じ部分をもつ「塔」は、「仏塔・鉄塔」のように使う。
(14)「自叙伝」は、「自分で書いた自分の伝記。自伝」の意味。「叙」には「述べる」の意味がある。

熟語の読み⑤

点
合格点：80点／100点

1 次の太字の漢字の読みがなを書きなさい。（5点×20）

(1) 東西の文化が**融合**する。
(2) 無理な要求を**拒否**する。
(3) 郊外《こうがい》に**豪邸**を建てる。
(4) 大学病院の**病棟**を訪《おとず》れる。
(5) 父は今、**書斎**にいる。
(6) **愚痴**一つこぼさない。
(7) 頭皮を**洗浄**する。
(8) 豊かな**土壌**で育った野菜。
(9) **謙譲語**を用いて話す。
(10) 部員の体調を**把握**する。
(11) **江戸**時代について調べる。
(12) 時間に**余裕**をもつ。
(13) 理論を**実践**に移す。
(14) 連日の**睡眠**不足に悩《なや》む。
(15) 事件の**核心**に迫《せま》る。
(16) 母校に本を**寄附**する。
(17) **壮大**なスケールの小説。
(18) 多額の**報酬**を得る。
(19) 彼《かれ》の考えに**感銘**を受ける。
(20) **過酷**な労働を強《し》いられる。

得点UP

1 (1) 「融」は、「とけあう」の意味。同じ部分をもつ「隔」は「カク」と読み、「隔絶・隔離《り》」のように使う。
(17) 「壮」は、「盛《さか》ん。強い」の意味。同じ音読みで同じ部分をもつ「荘」は、「荘厳《ごん》・別荘」のように使う。

START　GOAL

月　日

点

合格点：80点／100点

熟語の読み⑥

1 次の太字の漢字の読みがなを書きなさい。（5点×20）

(1) **海藻**のサラダを食べる。（　　）
(2) 社会の**秩序**を乱す。（　　）
(3) 大臣が前言を**撤回**する。（　　）
(4) 相手の主張を**肯定**する。（　　）
(5) 地元**推奨**の名産品。（　　）
(6) 才能ある**画伯**の絵。（　　）
(7) 不当請求《せいきゅう》の**詐欺**に遭《あ》う。（　　）
(8) **楽譜**を読んで演奏する。（　　）
(9) 赤字路線を**廃止**する。（　　）
(10) 風邪《かぜ》の**症状**が和《やわ》らぐ。（　　）
(11) **盲導犬**を育てる。（　　）
(12) 敵を**窮地**に追いやる。（　　）
(13) 物価が**高騰**する。（　　）
(14) **竜巻**が起こる。（　　）
(15) 心から**崇拝**する人物。（　　）
(16) **拷問**のような暑さだ。（　　）
(17) 飼い犬が**妊娠**する。（　　）
(18) **恐喝**の容疑で取り調べる。（　　）
(19) **捕虜**となった兵士。（　　）
(20) 彼《かれ》は**繊細**な心の持ち主だ。（　　）

得点UP

1 (3) 「撤」は、「取り払《はら》う」の意味。同じ音読みの「徹」は「貫《つらぬ》き通す」の意味で、「徹夜・徹底」のように使う。
(18) 「喝」と同じ部分をもつ「渇」「褐」は同じ音読み。ただし「謁」は「エツ」と読む。

月　日

点

合格点：80 点／100 点

特別な読み方

1 次の太字の漢字の特別な読み方を書きなさい。（5点×20）

(1) 和菓子《わがし》の**老舗**。

(2) 難しい漢語を**仮名**で書く。

(3) **浮つ**いた態度を改める。

(4) **叔母**の生き方を見習う。

(5) **伯父**からお年玉をもらう。

(6) 弟と**相撲**を取る。

(7) 赤ん坊《ぼう》を**乳母車**に乗せる。

(8) **意気地**なしと責められる。

(9) 友人に**助太刀**を頼《たの》む。

(10) **木綿**のシャツを着る。

(11) **大海原**を見《み》渡《わた》す。

(12) **硫黄**の成分が入った温泉。

(13) 晩秋の**時雨**模様の天気。

(14) 博物館で**大和絵**を見る。

(15) 着物に合う**草履**を選ぶ。

(16) **波止場**に船が着く。

(17) **五月雨**の季節になる。

(18) 剣《けん》道《どう》着《ぎ》と**竹刀**を買う。

(19) **凸凹**した道を歩く。

(20) お**巡り**さんに道を尋《たず》ねる。

得点UP

1 (4)「叔母（叔父）」は父母の妹（弟）、(5)「伯父（伯母）」は父母の兄（姉）に対して使われる。
(14)「大和」は、「日本」の古い呼び名。「大和言葉・大和魂《だましい》・大和なでしこ」などのようにも使われる。

複数の音読みをもつ漢字

月　日

点

合格点：80点／100点

1 次の太字の漢字の読みがなを書きなさい。（5点×20）

(1)
ア　おみくじで**大吉**を引く。
イ　**不吉**な知らせが届く。

(2)
ア　**同姓**同名の人物。
イ　自分の**素姓**を明かす。

(3)
ア　不純物が**沈殿**する。
イ　立派な**御殿**が建つ。

(4)
ア　**嫌疑**をかけられる。
イ　兄の**機嫌**を損《そこ》ねる。

(5)
ア　母と**一緒**に出かける。
イ　異国**情緒**あふれる街。

(6)
ア　世界平和への**貢献**。
イ　昼の**献立**を考える。

(7)
ア　**露天**風呂《ぶろ》に入る。
イ　結婚式《けっこんしき》の**披露宴**。

(8)
ア　社長に**同伴**する。
イ　ご**相伴**にあずかる。

(9)
ア　**蛇腹**になっているホース。
イ　**長蛇**の列ができる。

(10)
ア　一時間目の**予鈴**が鳴る。
イ　軒先《のきさき》に**風鈴**をつるす。

得点UP

1 (2)　イ「素姓」は、「人の生まれや育ち」の意味。「素性・素生」とも書く。
(9)　ア「蛇腹」は、「アコーディオンやちょうちんなどの、ひだがあって自由に伸《の》び縮みする部分」のこと。

月　日

点

合格点：80点／100点

複数の訓読みをもつ漢字

1 次の太字の漢字の読みがなを書きなさい。（5点×20）

(1)
ア **滑**らかな口調で話す。（　　）
イ 思わず口が**滑**る。（　　）

(2)
ア 洋服が**汚**れる。（　　）
イ 机の上が**汚**い。（　　）

(3)
ア **小舟**で川を渡《わた》る。（　　）
イ **舟歌**を歌う。（　　）

(4)
ア 桜の**苗木**を植える。（　　）
イ **苗代**の稲《いね》が育つ。（　　）

(5)
ア 池の水が**凍**りつく。（　　）
イ 寒さで手足が**凍**える。（　　）

(6)
ア **端近**な席を選ぶ。（　　）
イ **炉端**に座《すわ》って話す。（　　）

(7)
ア 不正を**嫌**う。（　　）
イ **嫌**な予感がする。（　　）

(8)
ア 犯人が市内に**潜**む。（　　）
イ ダイバーが深海に**潜**る。（　　）

(9)
ア いその**香**が漂《ただよ》う郷土料理。（　　）
イ **香**り高い新茶を味わう。（　　）

(10)
ア 失敗を**悔**やむ。（　　）
イ **悔**しい思いをする。（　　）

得点UP

1 (6) ア「端近」は「出入り口に近い場所」、イ「炉端」は「いろりのそば」の意味。
(9) ア「いその香」は、「海のにおい」の意味。ここでの「香」は、漢字一字で読む訓読みであることに注意。

月　日

誤りやすい読み①

点

合格点：80点／100点

1 次の太字の漢字の読みがなを書きなさい。（5点×20）

(1) **桟橋**で船を見送る。（　　）
(2) 言い回しが**陳腐**だ。（　　）
(3) 自分の気持ちを**偽**る。（　　）
(4) 歯並びを**矯正**する。（　　）
(5) **煩**わしい手続きを取る。（　　）
(6) 村を**洪水**が襲《おそ》う。（　　）
(7) **哀悼**の意を示す。（　　）
(8) 費用は会費で**賄**う。（　　）
(9) 瓶《びん》を**煮沸**消毒する。（　　）
(10) 物資を**隠匿**する。（　　）
(11) 小説の一部を**抜粋**する。（　　）
(12) かには**甲殻類**だ。（　　）
(13) 大臣を**更迭**する。（　　）
(14) 実行するには時期**尚早**だ。（　　）
(15) **法廷**で真実を明らかにする。（　　）
(16) 敵の術中に**陥**る。（　　）
(17) 政治家の汚職《おしょく》を**糾弾**する。（　　）
(18) 家屋が土砂《どしゃ》に**埋没**する。（　　）
(19) **倫理**に反する行為《こうい》。（　　）
(20) 勝利に**執念**を燃やす。（　　）

得点UP

1 (7)「哀悼」は、「人の死を悲しみ嘆《なげ》くこと」の意味。「悼」は「卓」と間違《まちが》えて「タク」と読まないように。
(13)「更迭」は、「ある役目に就《つ》いている人を入れ替《か》えること」の意味。「迭」を「ソウ」と読まないように。

誤りやすい読み②

月　日

点

合格点：80点／100点

1 次の太字の漢字の読みがなを書きなさい。（5点×10）

(1) 相手の発言を**遮**る。

(2) 政治が**堕落**する。

(3) 顧客《こきゃく》に**便宜**を図《はか》る。

(4) 反対意見を**抹殺**する。

(5) 経済の**中枢**をになう都市。

(6) 恩師が**逝去**する。

(7) **囚人**が刑期《けいき》を終える。

(8) 休刊の可能性を**示唆**する。

(9) 社長から祝辞を**賜**る。

(10) **窃盗**の容疑で逮捕《たいほ》される。

2 次の太字の漢字の読みがなを書きなさい。（5点×10）

(1)
ア 選択《せんたく》の範囲《はんい》が**狭**まる。
イ 両者の間に**挟**まる。

(2)
ア 任務を**遂行**する。
イ **逐次**、報告する。

(3)
ア 心身の**平衡**を保つ。
イ 貿易国と**折衝**を重ねる。

(4)
ア 試験を**実施**する。
イ 飛行機が**旋回**する。

(5)
ア 思いが**凝縮**された言葉。
イ **擬態**の上手な昆虫《こんちゅう》。

得点UP

1 (9)「賜る」は、ここでは「目上の人からいただく」の意味。改まった言い方をするときに用いる。

2 (2) ア「遂行」は「最後までやり通すこと」、イ「逐次」は「順を追って」の意味。

まとめテスト①

月　日

点

合格点：80点／100点

1 次の太字の漢字の読みがなを書きなさい。（5点×20）

(1) 二度の失敗で**懲**りる。（　　）

(2) 腹を**据**えて取り組む。（　　）

(3) 革靴《かわぐつ》を**履**いて出かける。（　　）

(4) 生ごみのにおいが**臭**い。（　　）

(5) 今後の予定を頭の**隅**で考える。（　　）

(6) 相手の損害を**償**う。（　　）

(7) 遭《そう》難《なん》者《しゃ》の**捜索**が行われる。（　　）

(8) 物品の**過剰**な供給を防ぐ。（　　）

(9) 将来について**漠然**と考える。（　　）

(10) **寛大**な措《そ》置《ち》を求める。（　　）

(11) ようやく**窮地**を脱《だっ》する。（　　）

(12) その場の状況《じょうきょう》を**把握**する。（　　）

(13) **示唆**に富む話を聞く。（　　）

(14) 監《かん》督《とく》の**更迭**が検討される。（　　）

(15)
ア 人の**嫌**う仕事を請《う》ける。（　　）
イ 薬を飲むのを**嫌**がる。（　　）

(16)
ア 医学の発展に**貢献**する。（　　）
イ 一週間の**献立**を決める。（　　）

(17)
ア 体の**平衡**を失う。（　　）
イ 徹《てつ》夜《や》で**折衝**に当たる。（　　）

月　　日

一字漢字の書き①

点

合格点：80点／100点

1 次の太字のカタカナを漢字で書きなさい。（5点×20）

(1) **イソガ**しく立ち働く。（　　）
(2) ぞうきんを**ヌ**う。（　　）
(3) **ニク**らしいほどの才能。（　　）
(4) **メズラ**しい昆虫《こんちゅう》。（　　）
(5) 絶妙《ぜつみょう》な演技に**ヨ**う。（　　）
(6) 友人を旅行に**サソ**う。（　　）
(7) 事情を**クワ**しく話す。（　　）
(8) **ブタ**を飼育する農家。（　　）
(9) **アツカ**いに注意する。（　　）
(10) 氷の上を**スベ**る。（　　）
(11) 正午を知らせる**カネ**の音。（　　）
(12) 髪《かみ》の**クセ**を直す。（　　）
(13) 雨の**シズク**を払《はら》う。（　　）
(14) 人使いが**アラ**い。（　　）
(15) 船が**ホ**を広げて走る。（　　）
(16) 私がご案内**イタ**します。（　　）
(17) 巨大《きょだい》な帝国《ていこく》が**ホロ**びる。（　　）
(18) 部屋を**ハナ**やかに飾《かざ》る。（　　）
(19) 壁《かべ》に画びょうを**サ**す。（　　）
(20) うまくいって**エツ**に入《い》る。（　　）

得点UP

1 (5)「ヨウ」は、同じ部分のある「粋」と同じ音読みをもつ。「粋」には「純粋《じゅんすい》」という使い方がある。
(13)「シズク」の音読みは、「テキ」。同じ音読みで同じ部分をもつ「敵」「適」との違《ちが》いに注意。

START　GOAL

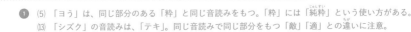

一字漢字の書き②

月　日

点

合格点：80点／100点

1 次の太字のカタカナを漢字で書きなさい。（5点×20）

(1) 参加希望者を**ツノ**る。（　　）

(2) 壁《かべ》をこぶしで**ナグ**る。（　　）

(3) 花が**アザ**やかに咲《さ》く。（　　）

(4) 問屋が商品を**オロ**す。（　　）

(5) いすに腰《こし》を**カ**ける。（　　）

(6) 自らの**タマシイ**を磨《みが》く。（　　）

(7) 雪の**カタマリ**を転がす。（　　）

(8) 事件が二人の仲を**サ**く。（　　）

(9) ぶどうの**フサ**に袋《ふくろ》をかける。（　　）

(10) **コトブキ**を祝う儀式《ぎしき》。（　　）

(11) **キク**の花をかたどる。（　　）

(12) かんばしい紅茶の**カオ**り。（　　）

(13) かまどで米を**タ**く。（　　）

(14) **エラ**い人物に会う。（　　）

(15) **タキ**に打たれる修行。（　　）

(16) マッチを一本**ス**る。（　　）

(17) バケツから水が**モ**れる。（　　）

(18) カードを**フ**せて並べる。（　　）

(19) **メス**のひよこを飼う。（　　）

(20) 門に表札を**カカ**げる。（　　）

得点UP

1 (4) この場合の「オロす」は、「問屋が商品を小売り店に売る」の意味。
(14) 「エラい」は、同じ音読みで同じ部分をもつ「違」「緯」との違《ちが》いに注意。

START　GOAL

一字漢字の書き③

月　日

点

合格点：80点／100点

1 次の太字のカタカナを漢字で書きなさい。（5点×20）

(1) 少し空模様が**アヤ**しい。

(2) 黄金の**カンムリ**をかぶる。

(3) 物陰《ものかげ》に**ヒソ**む。

(4) 長い**カゲ**が伸《の》びる。

(5) 壁《かべ》にペンキを**ヌ**る。

(6) 好天に**メグ**まれる。

(7) すずりで**スミ**をする。

(8) 地震《じしん》で電柱が**ユ**れる。

(9) **ムラサキ**の衣《ころも》を着る。

(10) ぬれた服を**カワ**かす。

(11) **イコ**いの場を設ける。

(12) 事件の重大さを**サト**る。

(13) **ナマリ**を熱で溶《と》かす。

(14) アルバイトを**ヤト**う。

(15) 経済の情勢を**ウラナ**う。

(16) 敵からボールを**ウバ**う。

(17) なるべく出費を**オサ**える。

(18) **マボロシ**の生物を追う。

(19) 目を**コ**らして見る。

(20) とんだ災難に**ア**う。

得点UP

1 (1) 「アヤしい」は、同じ部分をもつ「経」「径」との違《ちが》いに注意。
(20) 「アう」は、同訓異字の「会う」「合う」との用法の違いに注意。

一字漢字の書き④

月　日

点

合格点：80点／100点

1 次の太字のカタカナを漢字で書きなさい。（5点×20）

(1) 庭の落ち葉を**ハ**く。（　　）

(2) 世界の国々を**メグ**る。（　　）

(3) **ヨゴ**れた服を洗う。（　　）

(4) **ツツシ**み深い人格。（　　）

(5) 十年もの時を**ヘダ**てる。（　　）

(6) 火山が火を**フ**く。（　　）

(7) **サムライ**を演じる俳優。（　　）

(8) **オドロ**くべき結末を迎《むか》える。（　　）

(9) **ホコ**らしげに話す。（　　）

(10) **タク**みな踊《おど》りを楽しむ。（　　）

(11) **スルド**いくちばしでつつく。（　　）

(12) **オロ**かな考えを諭《さと》す。（　　）

(13) 娘《むすめ》の**ムコ**を選ぶ。（　　）

(14) ビニールシートで**オオ**う。（　　）

(15) **タキギ**に火を付ける。（　　）

(16) 国境を**コ**えて進む。（　　）

(17) **ホコ**で盾《たて》を突《つ》く。（　　）

(18) 万《ばん》策《さく》**ツ**きてあきらめる。（　　）

(19) **ヒメ**に仕える家臣。（　　）

(20) 太陽が西に**カタム**く。（　　）

得点UP

1 (4) この場合の「ツツシむ」は、「控《ひか》えめにする。節制する」の意味。「謹《つつし》む」との用法の違《ちが》いに注意。
(13) 「ムコ」の対義語は、「嫁《よめ》」。どちらも同じ部首の漢字。

月　日

一字漢字の書き⑤

点

合格点：80点／100点

1 次の太字のカタカナを漢字で書きなさい。（5点×20）

(1) 荷物の配送を**タノ**む。
(2) 同じ味の料理に**ア**きる。
(3) **ツナ**で馬をつなぎ止める。
(4) 大きな**コ**を描《えが》くにじ。
(5) **ハジ**をかかないようにする。
(6) **アラ**い編み目のセーター。
(7) 稲《いね》の**ホ**が垂れる。
(8) 雑誌をひもできつく**シバ**る。
(9) この机は、まだ捨てるには**オ**しい。
(10) 駅への道を**タズ**ねる。
(11) 要件をメモ帳に**ヒカ**える。
(12) **ハダカ**電球のある部屋。
(13) 弟に自転車を**ユズ**る。
(14) 学校で**ニワトリ**を飼育する。
(15) 積み上げた本の山が**クズ**れる。
(16) **サケ**び声を聞きつける。
(17) **クジラ**が姿を現す。
(18) かつお節を**ケズ**る。
(19) **クワ**の実を摘《つ》む。
(20) 植物を**ナエ**から育てる。

得点UP

1 (6)「アラい」は、同訓異字で言葉や態度が乱暴なときなどに使う「荒い」との用法の違《ちが》いに注意する。
(17)「クジラ」はほ乳類だが、部首は「⻥（さかなへん）」。

一字漢字の書き⑥

月　日

点

合格点：80点／100点

1 次の太字のカタカナを漢字で書きなさい。（5点×20）

(1) 民衆から**シタ**われる王。（　）
(2) **カタ**い表情がほぐれる。（　）
(3) **オダ**やかに話し合う。（　）
(4) 戦争の**オソ**ろしさを伝える。（　）
(5) 港に魚が**ア**げられる。（　）
(6) 失敗したことを**ク**いる。（　）
(7) タオルで**アセ**をふく。（　）
(8) 二つの役職を**カ**ねる。（　）
(9) **ホノオ**を吹《ふ》き消す。（　）
(10) **スデ**に研究が進んでいる。（　）
(11) 期待で胸が**オド**る。（　）
(12) 土に**シメ**り気を与《あた》える。（　）
(13) まるで立つ**セ**がない。（　）
(14) 旅行の余韻《よいん》に**ヒタ**る。（　）
(15) 夜空に月が**カガヤ**く。（　）
(16) **アワ**れみの言葉を掛《か》ける。（　）
(17) ごみを**フクロ**に入れる。（　）
(18) 体調不良を**ウッタ**える。（　）
(19) **ネバ**り強くがんばる。（　）
(20) 自分の失敗を**ウラ**む。（　）

得点UP

1 (3)「オダやか」は、同じ部分をもつ「隠」との違《ちが》いに気を付ける。
(13)「立つセがない」は、「自分の立場がない」の意味。

START　GOAL

熟語の書き①

月　日

点

合格点：80点／100点

1 次の太字のカタカナを漢字で書きなさい。（5点×20）

(1) フウトウに資料を入れる。（　　）

(2) 柔軟性《じゅうなんせい》がケツジョする。（　　）

(3) ショセキを扱《あつか》う売り場。（　　）

(4) 人前でキンチョウする。（　　）

(5) 祖父とショウギを指す。（　　）

(6) 工作にボットウする。（　　）

(7) 所持金をカンジョウする。（　　）

(8) 自動車をジョコウさせる。（　　）

(9) コウオツつけがたい。（　　）

(10) ジュンタクな資源。（　　）

(11) 商品をチンレツ棚《だな》に並べる。（　　）

(12) 病院でカンゾウを検査する。（　　）

(13) キュウケイの時間を設ける。（　　）

(14) 電車の混雑がカンワする。（　　）

(15) ショウゲキに耐《た》える構造。（　　）

(16) 選手のイロウカイを開く。（　　）

(17) 深いラクタンに包まれる。（　　）

(18) トンネルがカンツウする。（　　）

(19) フクシの活動に従事する。（　　）

(20) ボジョウを胸に抱《いだ》く。（　　）

得点UP

1 (6)「ボットウ」は、「一つのことに熱中すること」という意味。
(14)「カン」は、同じ部分をもつ「暖」と間違《まちが》えないように注意。

月　日

熟語の書き②

点

合格点：80点／100点

1 次の太字のカタカナを漢字で書きなさい。（5点×20）

(1) **キツエン**を制限する。（　　）
(2) **シュクエン**を設ける。（　　）
(3) **ジュンスイ**な心を持つ。（　　）
(4) 政権を**ショウアク**した政党。（　　）
(5) 会議が**ヘイオン**に終わる。（　　）
(6) **タクエツ**した才能を見せる。（　　）
(7) **ジョウダン**を聞いて笑う。（　　）
(8) **セキヒ**の文字をなぞる。（　　）
(9) 金鉱の**コウナイ**に入る。（　　）
(10) 樹木を**バッサイ**する。（　　）

(11) **コドク**な境遇《きょうぐう》を乗り越《こ》える。（　　）
(12) **ジョウザイ**を水で飲む。（　　）
(13) **ロウバ**に席を譲《ゆず》る。（　　）
(14) 犯人の身柄《みがら》を**コウソク**する。（　　）
(15) **トクシュ**な能力を磨《みが》く。（　　）
(16) 地元の**キギョウ**に就職する。（　　）
(17) 仲の良い**フタゴ**の兄弟。（　　）
(18) 建物の**キソ**を築く。（　　）
(19) 常に**ケンヤク**に努める。（　　）
(20) **チョウボ**に金額を記入する。（　　）

得点UP

1 (10) 「バッサイ」の「バツ」の漢字には、「刃物《はもの》などで木を切る」の意味がある。
(11) 「コ」は、同じ部分をもつ「弧」との形の違《ちが》いに注意する。

START　GOAL

熟語の書き③

月　日

点

合格点：80点／100点

1 次の太字のカタカナを漢字で書きなさい。（5点×20）

(1) **カイキョウ**を渡《わた》る船。

(2) 飲み物を**ケイタイ**する。

(3) **カイコン**の念を抱《いだ》く。

(4) 新聞に広告を**ケイサイ**する。

(5) **チュウシャジョウ**を設ける。

(6) **ジャマ**な物を捨てる。

(7) **キョショウ**が監督《かんとく》した映画。

(8) **ホウシ**の活動をする団体。

(9) 軍隊の**サンボウ**を務める。

(10) 深い**カンガイ**を抱く。

(11) 権利を**ホウキ**する。

(12) 見事な技《わざ》に**エイタン**する。

(13) **タイグウ**の改善を要求する。

(14) ビタミンを**セッシュ**する。

(15) 若くして即位《そくい》した**コウテイ**。

(16) 自由を**ソクバク**する。

(17) 歌声に**ミリョク**を感じる。

(18) **コウガイ**の住宅地に住む。

(19) 新聞社**シュサイ**の企画《きかく》。

(20) 写真の**リンカク**をぼかす。

得点UP

1 (10) 「ガイ」は、同じ部分をもつ「概」と間違《まちが》えやすい。「概」には「概念《がいねん》」のような使い方がある。

(19) 同音異義語の「シュ宰《さい》」は、「上に立って全体をまとめること」の意味。

熟語の書き④

月　日　　点

合格点：80点／100点

1 次の太字のカタカナを漢字で書きなさい。（5点×20）

(1) おなかの中の**タイジ**が育つ。（　　）
(2) 消防車が**シッソウ**する。（　　）
(3) **テツガク**を専攻《せんこう》する。（　　）
(4) **セツジョク**を果たす。（　　）
(5) マナーを**ケイハツ**する。（　　）
(6) 雑誌に連載《れんさい》される**ズイヒツ**。（　　）
(7) **ブンキテン**に差し掛《か》かる。（　　）
(8) ギターで**バンソウ**する。（　　）
(9) 話題の**ホウガ**を鑑賞《かんしょう》する。（　　）
(10) 敵に**カンゼン**と立ち向かう。（　　）

(11) **クウキョ**な議論をやめる。（　　）
(12) ある**ガイネン**を言葉で表す。（　　）
(13) 業務を**イタク**する。（　　）
(14) **ヒアイ**に満ちた表情。（　　）
(15) 校庭に**カダン**を作る。（　　）
(16) 部屋に**スイショウ**を置く。（　　）
(17) 魚の**ナンバン**漬《づ》けを食べる。（　　）
(18) **ケイヤク**を更新《こうしん》する。（　　）
(19) 白馬に**キジョウ**する。（　　）
(20) 麦を**ハッコウ**させた酒。（　　）

得点UP

1 (6)「ズイ」は、同じ音読みで同じ部分をもつ「髄」との違《ちが》いに注意。
(15)「ダン」は、つくりの部分の形に注意。

START　GOAL

熟語の書き⑤

月　日

点

合格点：80点／100点

1 次の太字のカタカナを漢字で書きなさい。（5点×20）

(1) **ケイバツ**を科す。（　　）

(2) 被告人《ひこくにん》を**ショウカン**する。（　　）

(3) **オウベイ**から輸入する。（　　）

(4) 難民を**ガシ**の危機から救う。（　　）

(5) 誤報《ごほう》を**テイセイ**する。（　　）

(6) 休日、**ゴラク**に興じる。（　　）

(7) **シャジク**を流すような雨。（　　）

(8) 人工衛星が**キドウ**を外れる。（　　）

(9) 進路を**センタク**する。（　　）

(10) 銀行への**サイム**を返済する。（　　）

(11) **ヒキン**な例で考える。（　　）

(12) **ヨウケイジョウ**を営む。（　　）

(13) 偉人《いじん》の伝記を**ランドク**する。（　　）

(14) **カンカク**を空けて配置する。（　　）

(15) **コクメイ**に記録する。（　　）

(16) 容疑者を**タイホ**する。（　　）

(17) **ジゴク**のような特訓に耐《た》える。（　　）

(18) **コフン**を発掘《はっくつ》する。（　　）

(19) **ノウコン**のはかまをはく。（　　）

(20) **トウゲイ**の作品を展示する。（　　）

得点UP

1 (3)「オウ」は、同じ部分をもつ「殴」と間違《まちが》えやすい。「殴」には「殴打《おうだ》」のような使い方がある。
(11)「ヒキン」は、「身近でわかりやすいこと」の意味。「ヒキンな話」「ヒキンな言葉」のように使う。

START　GOAL

月 日

熟語の書き⑥

点
合格点：80点／100点

1 次の太字のカタカナを漢字で書きなさい。（5点×20）

(1) 惑星《わくせい》を**グウゼン**発見する。（　　）
(2) 荒《あ》れ地を**カイコン**する。（　　）
(3) **レイゼン**に花を供える。（　　）
(4) **カチク**を育てる。（　　）
(5) **カサク**を集めた展覧会。（　　）
(6) **コハン**に別荘《べっそう》を建てる。（　　）
(7) 部品を**コウカン**する。（　　）
(8) **チッソ**化合物を除去する。（　　）
(9) **ヨウチエン**に通う子供。（　　）
(10) 新しい**サイボウ**が作られる。（　　）

(11) 動物の**ギャクタイ**を罰《ばっ》する。（　　）
(12) リサイクルを**ソクシン**する。（　　）
(13) つい、**グモン**を口にする。（　　）
(14) 果物を**シュウカク**する。（　　）
(15) それは**キセイ**の事実だ。（　　）
(16) 肉の等級を**シンサ**する。（　　）
(17) **フキツ**な兆候《ちょうこう》が見られる。（　　）
(18) **サンガク**の写真を撮《と》る。（　　）
(19) 時代**サクゴ**な考え方。（　　）
(20) 昔、**カイゾク**がいた島。（　　）

得点UP
1 (4)「チク」は、同じ音読みで同じ部分をもつ「蓄」と間違《まちが》えやすい。「蓄」は、「貯蓄《ちょちく》」のように使う。
(15)「キ」には、「すで（に）」という訓読みがある。

No. 31

送りがな①

月　日

点

合格点：80点／100点

1 次の太字のカタカナを漢字と送りがなで書きなさい。（5点×20）

(1) **アワタダシイ**日々。

(2) 姉が遠方に**トツグ**。

(3) 花束を**タズサエル**。

(4) 敵の目を**アザムク**。

(5) 国の独立を**クワダテル**。

(6) **ユルイ**斜面《しゃめん》を下る。

(7) 羽を広げて敵を**オドカス**。

(8) 常に正義を**ツラヌク**。

(9) 猿《さる》はとても**カシコイ**。

(10) 心を**ナグサメル**音楽。

(11) 生活が**ウルオウ**。

(12) 化粧《けしょう》を**ホドコス**。

(13) 同窓会を**モヨオス**。

(14) 焼き魚が**コゲル**。

(15) 靴下《くつした》の穴を**ツクロウ**。

(16) 記憶《きおく》力が**オトロエル**。

(17) 会社が急成長を**トゲル**。

(18) **カライ**食べ物が好きだ。

(19) 会への参加を**ウナガス**。

(20) 機械の点検を**オコタル**。

得点UP

1 (5)「クワダテル」の漢字の音読みは、「キ」。「キ画《かく》」などの熟語がある。
(20)「オコタル」の漢字には、ほかに「ナマケル」という訓読みもある。

START　GOAL

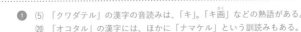

送りがな②

月　日

点

合格点：80点／100点

1 次の太字のカタカナを漢字と送りがなで書きなさい。（5点×20）

(1) 人の流れが**トドコオル**。

(2) 王子が権力を**ニギル**。

(3) 寒さに**コゴエル**。

(4) 危険が**トモナウ**登山。

(5) 水面を**タダヨウ**落ち葉。

(6) 安眠《あんみん》を**サマタゲル**。

(7) 急に眠気《ねむけ》が**オソウ**。

(8) 想像力が**トボシイ**。

(9) 結婚《けっこん》式場に**オモムク**。

(10) 期待が大きく**フクラム**。

(11) 大空を**アオグ**。

(12) 現代社会を**ウレエル**。

(13) 出場選手を**ハゲマス**。

(14) 記憶力《きおくりょく》を**キタエル**。

(15) 少し日が**カゲル**。

(16) 才能が**ウモレル**。

(17) 他国に使者を**ツカワス**。

(18) 気持ちが**マギレル**。

(19) 夏の暑さに**タエル**。

(20) 縄張《なわば》りを**オカス**。

得点UP

1 (3)「コゴエル」の漢字は、へんの部分を「氵（さんずい）」と書き間違《まちが》えやすい。
(15)「カゲル」は、同訓異字の「影」を使って書かないように注意。

START　GOAL

同訓異字

月　日

点

合格点：80点／100点

1 次の太字のカタカナを漢字で書きなさい。（5点×20）

(1)
ア レントゲン写真を**ト**る。（　　）
イ 船が南に針路を**ト**る。（　　）

(2)
ア 常に我《わ》が身を**カエリ**みる。（　　）
イ 危険を**カエリ**みず行動する。（　　）

(3)
ア 方針を審議会《しんぎかい》に**ハカ**る。（　　）
イ 相手に便宜《べんぎ》を**ハカ**る。（　　）

(4)
ア 運動会の期日が**ノ**びる。（　　）
イ 洋服のしわが**ノ**びる。（　　）

(5)
ア 改築工事を**ウ**ける業者。（　　）
イ ミットでボールを**ウ**ける。（　　）

(6)
ア 弓矢で的を**イ**る。（　　）
イ 銅で仏像を**イ**る。（　　）

(7)
ア 猫《ねこ》が砂場を**ホ**る。（　　）
イ 木材に模様を**ホ**る。（　　）

(8)
ア 川につり橋を**カ**ける。（　　）
イ 馬が草原を**カ**ける。（　　）
ウ 盛り上がりに**カ**ける試合。（　　）

(9)
ア 力士がまわしを**シ**める。（　　）
イ 大きな机が部屋を**シ**める。（　　）
ウ 首を**シ**める柔道《じゅうどう》の技《わざ》。（　　）

得点UP

1 (2) イ「カエリみる」は、「心にかける。気にかける」の意味。
(6) イ「イる」は、「溶《と》かした金属を型に流し込《こ》んで物を作る」の意味。「イ物《もの》」という使い方もある。

同音異義語①

月　日

点

合格点：80点／100点

1 次の太字のカタカナを漢字で書きなさい。（5点×20）

(1)
ア 試合を**キケン**する。（　　）
イ **キケン**な場所を避《さ》ける。（　　）

(2)
ア 雪の**ケッショウ**。（　　）
イ **ケッショウ**の戦いに挑《いど》む。（　　）

(3)
ア 今までの**キセキ**をたどる。（　　）
イ 老政治家が**キセキ**に入《い》る。（　　）

(4)
ア 違反《いはん》に**ガイトウ**する行為《こうい》。（　　）
イ **ガイトウ**での演説を聞く。（　　）

(5)
ア **キロ**に立たされ、迷う。（　　）
イ ようやく**キロ**についた。（　　）

(6)
ア 神の**ケイジ**を受けた聖人。（　　）
イ 時間割りを**ケイジ**する。（　　）

(7)
ア 法案が**シンギ**される。（　　）
イ **シンギ**にもとる行為。（　　）

(8)
ア 注意を**カンキ**する。（　　）
イ 窓を開けて**カンキ**する。（　　）
ウ **カンキ**の声があふれる。（　　）

(9)
ア 制度を見直す**ケイキ**。（　　）
イ **ケイキ**が回復する。（　　）
ウ 囚人《しゅうじん》が**ケイキ**を終える。（　　）

得点UP
1 (5) ア「キロ」は、本来「分かれ道」の意味だが、「重要な選択《せんたく》のきっかけ」の意味でも用いる。
(7) イ「シンギにもとる」は、「人としてすべきことや約束に反する」という意味。

同音異義語②

1 次の太字のカタカナを漢字で書きなさい。（5点×20）

(1)
ア　**キトク**の知らせを受ける。（　）
イ　今時、**キトク**な行いだ。（　）

(2)
ア　叔父《おじ》に**レイジョウ**を書く。（　）
イ　美しい**レイジョウ**に会う。（　）

(3)
ア　高熱で**ハッカン**する。（　）
イ　雑誌を**ハッカン**する。（　）

(4)
ア　美しい**イショウ**をまとう。（　）
イ　**イショウ**を凝《こ》らした作品。（　）

(5)
ア　**フゴウ**を読み取る。（　）
イ　遺産を得て**フゴウ**になる。（　）

(6)
ア　辞任の**ホンイ**を促《うなが》す。（　）
イ　相手の**ホンイ**を探《さぐ》る。（　）

(7)
ア　**カンリ**が任命される。（　）
イ　**カンリ**の行き届いた施設《しせつ》。（　）

(8)
ア　権力を**コジ**する。（　）
イ　就任の要請《ようせい》を**コジ**する。（　）
ウ　戦災による**コジ**を救う。（　）

(9)
ア　**ケイショウ**を鳴らす言葉。（　）
イ　**ケイショウ**を省略する。（　）
ウ　伝統文化を**ケイショウ**する。（　）

得点UP

1 (1)　ア「キトク」は、「病気やけがが重いこと」の意味。
(6)　ア「ホンイ」は、「決心を変えること」という意味。

No. 36

誤りやすい書き①

月　日

点

合格点：80点／100点

1 次の太字のカタカナを漢字で書きなさい。（5点×20）

(1) **チュウセン**して決める。（　　）

(2) 環境《かんきょう》問題を**ユウリョ**する。（　　）

(3) 案を委員会に**シモン**する。（　　）

(4) **ヨウシャ**なく指導する。（　　）

(5) 災害の**キョウイ**におびえる。（　　）

(6) **ソウナン**した船を救出する。（　　）

(7) 再会の**ホウヨウ**を交《か》わす。（　　）

(8) しぶしぶ**ショウダク**する。（　　）

(9) 他の主張を**ハイセキ**する。（　　）

(10) 海外に**フニン**する。（　　）

(11) **ザンテイ**の予算を組む。（　　）

(12) 屋根を**シュウゼン**する。（　　）

(13) 血液が**ギョウコ**する。（　　）

(14) 五《ご》線《せん》譜《ふ》に**オンプ**を書く。（　　）

(15) 災害の**ボキン**に協力する。（　　）

(16) **ロウト**で石油を注ぐ。（　　）

(17) **トクジツ**な人柄《ひとがら》。（　　）

(18) 多大な**ギセイ**を払《はら》う。（　　）

(19) 信用が**シッツイ**する。（　　）

(20) **ヨクヨウ**をつけて読む。（　　）

得点UP

1 (1) 「チュウ」は、形の似ている「油」「描」と間違《まちが》えないように注意。
(14) 同音異義語の「オン譜」は、「楽譜」の意味。

START　GOAL

誤りやすい書き②

月　日

点

合格点：80点／100点

1 次の太字のカタカナを漢字で書きなさい。（5点×10）

(1) 支払《しはら》いを**タイノウ**する。（　　）
(2) **コウミョウ**に身を隠《かく》す生物。（　　）
(3) 水質の調査を**ジッシ**する。（　　）
(4) 宗教の**セイズイ**を学ぶ。（　　）
(5) 仕事を**ショクタク**する。（　　）
(6) **ガイハク**な知識の持ち主。（　　）
(7) 混雑を**キヒ**する。（　　）
(8) 図書を**エツラン**する。（　　）
(9) 金貨を**チュウゾウ**する。（　　）
(10) **イッセキ**の船が浮《う》かぶ。（　　）

2 次の太字のカタカナを漢字で書きなさい。（5点×10）

(1)
ア 名作を**モホウ**する。（　　）
イ 罪人を**シャクホウ**する。（　　）

(2)
ア 規則を**ジュンシュ**する。（　　）
イ **ソンダイ**な態度。（　　）

(3)
ア **シンサン**をなめる。（　　）
イ **コウフク**に暮らす。（　　）

(4)
ア **ソチ**を検討する。（　　）
イ 車を**シャクヨウ**する。（　　）

(5)
ア **レンカ**で販売《はんばい》する。（　　）
イ 仕事を**ケンギョウ**する。（　　）

得点UP
1 (1)「タイ」の訓読みは、「とどこお（る）」。送りがなにも注意。
2 (3) ア「シンサンをなめる」は、「つらい目に遭《あ》う」という意味。

月 日

点
合格点：80点／100点

まとめテスト②

1 次の太字のカタカナを漢字で書きなさい。（5点×20）

(1) **シズク**が窓ガラスを伝う。（　　）
(2) 植物の**ナエ**を植える。（　　）
(3) 相手チームにとどめを**サ**す。（　　）
(4) 急な決定に**オドロ**く。（　　）
(5) 洋服の生地《きじ》を**ヌ**う。（　　）
(6) 経費を**オサ**える。（　　）
(7) **クワ**しい説明を聞く。（　　）
(8) 金の指輪が**カガヤ**く。（　　）
(9) 商品を**チンレツ**する。（　　）
(10) 作物を**シュウカク**する。（　　）
(11) **ケイバツ**を与《あた》える。（　　）
(12) **ヒキン**な例を用いる。（　　）
(13) 証人を**ショウカン**する。（　　）
(14) **サイボウ**が分裂《ぶんれつ》する。（　　）
(15) 貿易の規制を**カンワ**する。（　　）
(16) 組織全体を**ショウアク**する。（　　）
(17) ア ビルの建築を**ウ**ける。（　　）
イ 入学試験を**ウ**ける。（　　）
(18) ア 引退を**ホンイ**する。（　　）
イ 行動の**ホンイ**を問う。（　　）

部首・画数

月　日

点

合格点：80点／100点

1 次の漢字の部首を□に書き、その部首名を□から選んで書きなさい。（完答5点×8）

(1) 凝　□・（　）
(2) 耗　□・（　）
(3) 剖　□・（　）
(4) 廷　□・（　）
(5) 庸　□・（　）
(6) 免　□・（　）
(7) 厳　□・（　）
(8) 恭　□・（　）

まだれ　ひとあし　すきへん　したごころ
にすい　つかんむり　りっとう　えんにょう

2 次の漢字の総画数を答えなさい。（5点×6）

(1) 巧（　）画
(2) 凸（　）画
(3) 携（　）画
(4) 沸（　）画
(5) 購（　）画
(6) 庶（　）画

3 次の漢字の部首を□に書き、その部首の画数を（　）に答えなさい。（完答5点×6）

(1) 迅　□・（　）画
(2) 頒　□・（　）画
(3) 累　□・（　）画
(4) 肯　□・（　）画
(5) 閑　□・（　）画
(6) 騰　□・（　）画

得点UP

❷ (2)「凸」や(6)「庶」は、画数を間違《まちが》えやすいので注意。

❸ (6)「騰」の部首は、「月」ではないので注意。

部首・画数・筆順①

月　日

点

合格点：80点／100点

1 次の漢字の部首を、それぞれ〔　〕から選んで書きなさい。（6点×5）

(1) 奪〔一　大　隹　寸〕（　　）
(2) 酵〔酉　土　耂　子〕（　　）
(3) 衰〔亠　衣　一　口〕（　　）
(4) 窮〔宀　身　弓　穴〕（　　）
(5) 磨〔广　麻　林　石〕（　　）

2 次の部首をもつ漢字を、それぞれ〔　〕から選んで書きなさい。（7点×4）

(1) あくび〔敷　彰　欺　隷〕（　　）
(2) おいかんむり〔老　冠　慮　窓〕（　　）
(3) ふしづくり〔斜　殿　卸　雄〕（　　）
(4) あみがしら〔爵　髪　覆　罷〕（　　）

3 次の漢字と同じ画数の漢字を、それぞれ〔　〕から選んで書きなさい。（6点×3）

(1) 滑〔豪　粧　鼓　酔〕（　　）
(2) 猛〔恋　隆　柄　鈍〕（　　）
(3) 潟〔融　踊　寮　齢〕（　　）

4 次の漢字の筆順として正しいほうを選び、○を付けなさい。（6点×4）

(1) 茂
ア（　）
イ（　）

(2) 勘
ア（　）
イ（　）
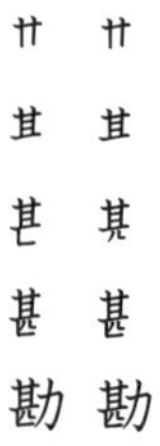

(3) 柳
ア（　）
イ（　）

(4) 喪
ア（　）
イ（　）

得点UP
2 (1)「かける・けつ」、(2)「おいがしら」、(3)「わりふ」、(4)「あみめ・よこめ」などとも呼ばれる。
4 (3)「柳」の「卯」の部分の筆順はよく問われる。同じ形を持つ漢字に「卯」がある。

START　GOAL

部首・画数・筆順②

点
合格点：80点／100点

1 次の漢字の部首を□に書き、その部首名を（　）に書きなさい。（完答4点×4）

(1) 猫　□・（　　）
(2) 雰　□・（　　）
(3) 享　□・（　　）
(4) 疫　□・（　　）

2 次の漢字の部首（黒い部分）が表す意味を□から選び、記号で答えなさい。（5点×6）

(1) 幣（　　）
(2) 履（　　）
(3) 諭（　　）
(4) 隅（　　）
(5) 賄（　　）
(6) 禅（　　）

ア 丘《おか》　イ お金・品物　ウ 言葉　エ 布　オ 神・祭り　カ 人体

3 次の漢字の部首以外の部分の画数を答えなさい。（4点×6）

(1) 妃（　　）画
(2) 泥（　　）画
(3) 唇（　　）画
(4) 邸（　　）画
(5) 栽（　　）画
(6) 慶（　　）画

4 次の漢字の黒い部分は、何画目に当たるかを答えなさい。（5点×6）

(1) 虐（　　）画目
(2) 戒（　　）画目
(3) 悼（　　）画目
(4) 凹（　　）画目
(5) 拒（　　）画目
(6) 粛（　　）画目

得点UP

② 部首は漢字の意味を表す部分なので、それぞれの漢字のもつ意味に注目するとよい。

③ (5)「栽」、(6)「慶」は部首を間違《まちが》えやすい漢字なので注意。

二字熟語の構成①

月　日

点

合格点：80点／100点

1 次の(1)～(8)の構成の二字熟語を、□から選んで書きなさい。（5点×8）

(1) 上下が似た意味。（　　）
(2) 上下が反対の意味。（　　）
(3) 上が下を修飾《しゅうしょく》する。（　　）
(4) 下が上の動作の対象。（　　）
(5) 上下が主語・述語の関係。（　　）
(6) 上が下を打ち消す。（　　）
(7) 接頭語が付く。（否定の意味以外の接頭語。）（　　）
(8) 接《せつ》尾《び》語が付く。（　　）

多寡《たか》	御恩《ごおん》	消臭《しょうしゅう》	俊敏《しゅんびん》
漫然《まんぜん》	仏滅《ぶつめつ》	非凡《ひぼん》	既存《きそん》

2 次の二字熟語と同じ構成の熟語を、それぞれ〔　〕から選んで書きなさい。（6点×5）

(1) 殺菌《さっきん》〔摩擦《まさつ》　傑作《けっさく》　撤兵《てっぺい》〕（　　）
(2) 賞罰《しょうばつ》〔選択《せんたく》　贈答《ぞうとう》　無償《むしょう》〕（　　）
(3) 無粋《ぶすい》〔未済《みさい》　是非《ぜひ》　可否〕（　　）
(4) 鶏鳴《けいめい》〔検疫《けんえき》　宣誓《せんせい》　日没《にちぼつ》〕（　　）
(5) 酷似《こくじ》〔逝去《せいきょ》　水泡《すいほう》　上棟《じょうとう》〕（　　）

3 上下が似た意味の構成になるように、〔　〕から漢字を選んで（　）に書き、二字熟語を完成させなさい。（5点×6）

(1) （　）遠
(2) 返（　）
(3) （　）快
(4) 余（　）
(5) （　）満
(6) 委（　）

〔充　託　還　剰　疎　愉〕

得点UP

1 (4)は「登壇《とうだん》（壇《だん》に登《のぼ》る）」のように、上の漢字が動作を表し、下の漢字がその対象になっている構成。

2 (4)「鶏鳴」は、「鶏《にわとり》が鳴《な》く」と訓読みしてみて、構成を考えるとよい。

START　GOAL

二字熟語の構成②

点

合格点：80点／100点

1 次の(1)～(8)の構成の二字熟語を□から選び、その熟語の読みがなを書きなさい。（5点×8）

(1) 上下が似た意味。

(2) 上下が反対の意味。

(3) 上が下を修飾《しゅうしょく》する。

(4) 下が上の動作の対象。

(5) 上下が主語・述語の関係。

(6) 上が下を打ち消す。

(7) 接頭語が付く。（否定の意味以外の接頭語。）

(8) 接尾《せつび》語が付く。

天与　去就　陥没　陰性
厄年　不朽　献血　貴殿

2 次の〔　〕の二字熟語の中から、一つだけ構成が違《ちが》う熟語を選んで書きなさい。（6点×4）

(1) 〔裸体《らたい》　愚問《ぐもん》　哀悼《あいとう》　急逝《きゅうせい》〕

(2) 〔端的《たんてき》　俗化《ぞっか》　泰然《たいぜん》　即位《そくい》〕

(3) 〔地震《じしん》　添削《てんさく》　点滅《てんめつ》　出納《すいとう》〕

(4) 〔遮音《しゃおん》　炊飯《すいはん》　熟睡《じゅくすい》　棄権《きけん》〕

3 上下が反対の意味の構成になるように、A・Bの漢字を組み合わせて、二字熟語を六つ作りなさい。（6点×6）

A〔禍　美　巧　硬　真　慶〕

B〔醜　偽　軟　弔　福　拙〕

得点UP

1 (3)は「濃霧《のうむ》（濃《こ》い霧《きり》）」のように、上の漢字が下の漢字を連体修飾するものと、「黙読《もくどく》（黙《だま》って読《よ》む）」のように、上の漢字が下の漢字を連用修飾するものとがある。

三字熟語①

月　日

点

合格点：80点／100点

1 次の□に入る漢字を□から選び、完成した三字熟語の読みがなを書きなさい。（5点×8）

(1) 学習□に通う。（　　）

(2) □熱帯の花が咲《さ》く。（　　）

(3) 多くの選択□がある。（　　）

(4) □菓子を買う。（　　）

(5) そびえ立つ摩天□。（　　）

(6) 植木□を並べる。（　　）

(7) 運動□を履《は》く。（　　）

(8) 消火□を設置する。（　　）

駄　靴　肢　栓
鉢　塾　楼　亜

2 次の□に入る語を□から選び、漢字に直して書き、三字熟語を完成させなさい。（5点×12）

(1) □光灯（　　）

(2) □白剤（　　）

(3) 内□慶（　　）

(4) □飯器（　　）

(5) 食□難（　　）

(6) 披露□（　　）

(7) □車場（　　）

(8) □戸際（　　）

(9) □竜門（　　）

(10) 繁□期（　　）

(11) 水□画（　　）

(12) 顕□鏡（　　）

べん　ぼう　りょう
えん　び　けい
ひょう　ぼく　とう
せ　ちゅう　すい

得点UP

1 (5)「摩天□」は、「天に届くほどの高い建物」の意味の熟語になる。

2 (9)「□竜門」は、「そこを通れば出世できるという関門」の意味の熟語になる。

三字熟語②

月　日

点

合格点：80点／100点

1 次の構成に当たる三字熟語を、□から二つずつ選び、その読みがなを書きなさい。（5点×6）

(1) 上の一字が下の二字熟語を修飾《しゅうしょく》する。
（　　）・（　　）

(2) 上の二字熟語が下の一字を修飾する。
（　　）・（　　）

(3) 三字がそれぞれ対等に並ぶ。
（　　）・（　　）

履歴書	知情意	核実験
悪循環	排水溝	序破急

2 次の（　）に入る接頭語や接尾語《せつび》を、下の□から選んで書き、三字熟語を完成させなさい。（5点×6）

(1) （　　）愛想
(2) 抽象（　　）
(3) （　　）合法
(4) 優越（　　）
(5) （　　）義理
(6) 価値（　　）

非	無	観
的	感	不

3 次の太字のカタカナを漢字で書きなさい。（4点×10）

(1) **ニュウサンキン**を含《ふく》む食品。（　　）
(2) **カセンシキ**で遊ぶ。（　　）
(3) **ソウガンキョウ**で観察する。（　　）
(4) **ゼンゴサク**を練る。（　　）
(5) **キネンヒ**を建てる。（　　）
(6) 渋滞《じゅうたい》を遅刻《ちこく》の**メンザイフ**とする。（　　）
(7) **ハダカイッカン**でがんばる。（　　）
(8) **ネンチャクリョク**が強い。（　　）
(9) **ボキンバコ**にお金を入れる。（　　）
(10) **カケイボ**をつける。（　　）

得点UP
1 三字熟語の構成の問題は、熟語の切れ目を考えるとよい。熟語に分けられないものは(3)の構成になる。
3 (6)「メンザイフ」は、「罪や責任をまぬかれるためのもの」の意味。

四字熟語①

月　日

点

合格点：80点／100点

1 次のA・Bの熟語を組み合わせて、四字熟語を八つ作りなさい。（5点×8）

A

和洋　面目　呉越《ごえつ》　換骨《かんこつ》

暗中　内憂《ないゆう》　時期　片言

B

同舟《どうしゅう》　尚早《しょうそう》　外患《がいかん》　模索《もさく》

躍如《やくじょ》　隻語《せきご》　折衷《せっちゅう》　奪胎《だったい》

（　）・（　）　（　）・（　）　（　）・（　）

（　）・（　）　（　）・（　）　（　）・（　）

（　）・（　）　（　）・（　）

2 次の（　）に入る漢数字を書き、四字熟語を完成させなさい。（完答4点×6）

(1)（　）苦（　）苦

(2)（　）拝（　）拝

(3) 朝（　）暮（　）

(4)（　）客（　）来

(5)（　）角（　）面

(6)（　）騎当（　）

3 次の太字の四字熟語の読みがなを書きなさい。（4点×5）

(1) **徹頭徹尾**、反対する。（　）

(2) **天涯孤独**の身となる。（　）

(3) **群雄割拠**の時代。（　）

(4) **新陳代謝**がよくない。（　）

(5) **津々浦々**に広まる。（　）

4 次の太字の中のカタカナを、漢字に直して書き、四字熟語を完成させなさい。（4点×4）

(1) **シコウ錯誤**して完成させる。（　）

(2) **諸行ムジョウ**の世の中。（　）

(3) 実力**ハクチュウ**の両チーム。（　）

(4) **シンシュツ鬼没**の怪盗《かいとう》。（　）

得点UP

❷ (6)「□騎当□」は、「一人で大勢の敵に対抗《たいこう》できるほど強いこと」の意味の四字熟語になる。

❹ どれも同音異義語と間違《まちが》えやすいので注意。(1)「思考」と書かない。

START　GOAL

四字熟語②

月　日

点

合格点：80点／100点

1

次のカタカナの部分に合う漢字を、それぞれ〔 〕から選んで書きなさい。（5点×4）

(1) **セイ**天白日〔成　晴　正　青〕（　　）

(2) **カイ**刀乱麻〔怪　解　快　回〕（　　）

(3) 意気**ショウ**天〔衝　唱　昇　笑〕（　　）

(4) 天衣無**ホウ**〔法　峰　縫　崩〕（　　）

2

次の各組の□には、□のいずれかの読み方をもつ同じ漢字が入る。その漢字を書きなさい。（5点×6）

(1) 以□伝□（　　）

(2) □眠□休（　　）

(3) □身□霊（　　）

(4) □縄□縛（　　）

(5) 青□吐□（　　）

(6) □真□銘（　　）

しょう	しん	いき
ふ	ぜん	じ

3

次の□□に入る漢字を書き、四字熟語を完成させなさい。（5点×10）

(1) 彼《かれ》の話は、**支離**□□だ。（　　）

(2) **冠婚**□□のしきたりを学ぶ。（　　）

(3) 家族のために□□**砕身**する。（　　）

(4) **清廉**□□な人物。（　　）

(5) **東奔**□□して探し当てる。（　　）

(6) **森羅**□□は絶えず変化する。（　　）

(7) 事故は□□**抗力**だった。（　　）

(8) **難攻**□□と言われた城。（　　）

(9) **悠々**□□の生活を送る。（　　）

(10) **大胆**□□な笑《え》みを浮《う》かべる。（　　）

得点UP

1 どの四字熟語も書き間違《まちが》えやすい漢字を含《ふく》んでいるので、問われることが多い。正しく覚えること。

3 (6)「森羅□□」は「しんら□□」と読み、「この世に存在するすべてのもの」の意味の四字熟語になる。

類義語①

月　日

点

合格点：80点／100点

1 次の太字の熟語の類義語を□から選び、その読みがなを書きなさい。（5点×8）

(1) 社会に大いに**寄与**《きよ》する。（　　）

(2) 結果を**残念**に思う。（　　）

(3) **大衆**に人気のある商品。（　　）

(4) 恩師が**他界**する。（　　）

(5) 今は**我慢**《がまん》の日々を送る。（　　）

(6) 他国の政治に**介入**《かいにゅう》する。（　　）

(7) 日ごろから**親密**な間柄《あいだがら》だ。（　　）

(8) 兄は**無口**な人だ。（　　）

干渉　逝去　懇意　遺憾
貢献　寡黙　庶民　忍耐

2 次の熟語の類義語を、それぞれ〔　〕から選んで書きなさい。（6点×3）

(1) 重態〔危篤《きとく》　切迫《せっぱく》　威圧《いあつ》〕（　　）

(2) 基地〔基礎《きそ》　核心《かくしん》　拠点《きょてん》〕（　　）

(3) 道徳〔秩序《ちつじょ》　倫理《りんり》　正義〕（　　）

3 次の各組が類義語の関係になるように、□に共通して入る、〔　〕の読み方の漢字を書きなさい。（7点×6）

(1) □要＝□略〔ガイ〕（　　）

(2) 感□＝驚□〔タン〕（　　）

(3) 全□＝絶□〔メツ〕（　　）

(4) 平□＝□庸〔ボン〕（　　）

(5) □要＝□心〔カン〕（　　）

(6) 催□＝督□〔ソク〕（　　）

得点UP

1 (1)「寄与」は、「役立つこと。力を尽《つ》くすこと」の意味。

3 類義語は複数あることもある。(1)は、ほかに「要旨《ようし》」「大筋」「大要」「大意」「大略」なども類義語。

類義語②

月　日

点

合格点：80点／100点

1

次の各組が類義語の関係になるように、（　）に入る漢字を、□から選んで書きなさい。（5点×6）

(1) 適当＝（　）当
(2) 処置＝（　）置
(3) 栄養＝（　）養
(4) 要求＝（　）求
(5) 安価＝（　）価
(6) 列挙＝（　）列

廉　措　滋　羅　妥　請

2

次の各組が類義語の関係になるように、□に入る〔　〕の読み方の漢字を書きなさい。（6点×5）

(1) 策略＝□謀〔イン〕（　）
(2) 追憶《ついおく》＝回□〔コ〕（　）
(3) 豪傑《ごうけつ》＝英□〔ユウ〕（　）
(4) 虚構《きょこう》＝□空〔カ〕（　）
(5) 踏襲《とうしゅう》＝□承〔ケイ〕（　）

3

次の太字の熟語の類義語を□から選び、漢字に直して書きなさい。（5点×8）

(1) **永遠**の平和を願う。（　）
(2) やっと**決心**がつく。（　）
(3) トラックで**輸送**する。（　）
(4) 結果に**失望**する。（　）
(5) 彼《かれ》の**将来**が楽しみだ。（　）
(6) 多額の**借金**を抱《かか》える。（　）
(7) **看過**することのできない問題。（　）
(8) 趣味《しゅみ》に**熱中**する。（　）

らくたん　ふさい　もくにん　かくご
ぼっとう　ぜんと　こうきゅう　うんぱん

得点UP

2 (4)「虚構」は、「実際には存在しないものを、いかにもあるかのように表現したもの」の意味。
3 (7)「看過」は、「あることを目にしながら、見逃《みのが》すこと」の意味。

START　GOAL

対義語①

月　日

点

合格点：80点／100点

1 次の太字の熟語の対義語を□から選び、その読みがなを書きなさい。（6点×8）

(1) 友人と**親密**につき合う。（　　）
(2) **低俗**《ていぞく》な考え方。（　　）
(3) 村祭りを**存続**する。（　　）
(4) **高慢**《こうまん》な態度を取る。（　　）
(5) 裁判で**真実**を述べる。（　　）
(6) まず**理論**を示す。（　　）
(7) 彼《かれ》らは**勤勉**な学生だ。（　　）
(8) **強硬**《きょうこう》な姿勢を見せる。（　　）

廃止	実践	疎遠	柔軟
高尚	謙虚	虚偽	怠惰

2 次の各組が対義語の関係になるように、（　）に入る漢字を、□から選んで書きなさい。（完答6点×4）

(1) 上（　）↔下（　）
(2) 近（　）↔遠（　）
(3) （　）燥↔（　）潤
(4) （　）売↔（　）買

接　購　湿　販　降　隔　昇　乾

3 次の熟語の対義語を、それぞれ〔　〕から選んで書きなさい。（7点×4）

(1) 栽培《さいばい》〔自生　育成　伐採《ばっさい》〕（　　）
(2) 厳格〔優雅《ゆうが》　貧弱《ひんじゃく》　寛容《かんよう》〕（　　）
(3) 巧妙《こうみょう》〔乱暴　粗雑《そざつ》　稚拙《ちせつ》〕（　　）
(4) 総合〔単体　分析《ぶんせき》　分離《ぶんり》〕（　　）

得点UP

2 (4)「売」と「買」は同じ読み方をするので、答えを（　）に逆に当てはめないよう注意。
3 (3)「巧妙」は「非常に巧《たく》みな様子」の意味。

START　GOAL

対義語②

点

合格点：80点／100点

1

次の太字の熟語の対義語を□から選び、漢字に直して書きなさい。（5点×8）

(1) **悲哀**《ひあい》に満ちた表情。（　　）

(2) 人質《ひとじち》を**解放**する。（　　）

(3) 王国が**繁栄**《はんえい》していく。（　　）

(4) 電気を**節約**する。（　　）

(5) 出来事の**概略**《がいりゃく》を話す。（　　）

(6) **一般**《いっぱん》の会社の勤務時間を調べる。（　　）

(7) 名作を**創造**する。（　　）

(8) 施設《しせつ》を**開放**する。（　　）

ろうひ　とくしゅ　へいさ　すいたい
もほう　こうそく　かんき　しょうさい

2

次の熟語と対義語の関係になるように（　）に漢字を書き、できた熟語の読みがなを〔　〕に書きなさい。（完答7点×6）

(1) 敏感《びんかん》↔（　）感……〔　　〕

(2) 経度↔（　）度……〔　　〕

(3) 専業↔（　）業……〔　　〕

(4) 奇数《きすう》↔（　）数……〔　　〕

(5) 肯定《こうてい》↔（　）定……〔　　〕

(6) 未知↔（　）知……〔　　〕

3

次の太字の熟語の対義語を、漢字で書きなさい。（6点×3）

(1) 国民の**権利**を主張する。（　　）

(2) 事故は**必然**だった。（　　）

(3) 考えを**具体的**に話す。（　　）

得点UP

1 文の中で太字の熟語の意味をとらえて、それと反対の意味をもつ言葉を探すとよい。

2 (5)「肯定」の対義語には、打ち消しの意味をもつ接頭語が付く。(6)「未知」の「未」は打ち消しの意味をもつ接頭語。

まとめテスト③

月　日

点

合格点：80点／100点

1 次の漢字の部首名を（　）に書き、総画数を□に答えなさい。（3点×10）

(1) 迅（　）・□画

(2) 履（　）・□画

(3) 悼（　）・□画

(4) 窮（　）・□画

(5) 邸（　）・□画

2 次の熟語と同じ構成の熟語を、〔　〕から選んで書きなさい。（5点×6）

(1) 多寡《たか》（　）

(2) 泰然《たいぜん》（　）

(3) 天与《てんよ》（　）

(4) 急逝《きゅうせい》（　）

(5) 哀悼《あいとう》（　）

(6) 撤兵《てっぺい》（　）

〔陰性《いんせい》　愉快《ゆかい》　遮音《しゃおん》　禍福《かふく》　厄年《やくどし》　鶏鳴《けいめい》〕

3 次の太字の中のカタカナを漢字で書き、三字熟語や四字熟語を完成させなさい。（4点×5）

(1) **ソウガン鏡**を首からかける。（　）

(2) **スイハン器**を買う。（　）

(3) **ユウエツ感**に浸《ひた》る。（　）

(4) **全身ゼンレイ**を傾《かたむ》けて歌う。（　）

(5) **面目ヤクジョ**たるプレーをする。（　）

4 (1)・(2)は類義語を、(3)・(4)は対義語を、それぞれ〔　〕から選んで書きなさい。（5点×4）

(1) 継承《けいしょう》＝〔踏襲《とうしゅう》　由緒《ゆいしょ》　伝来〕（　）

(2) 寄与《きよ》＝〔授与　貢献《こうけん》　寄贈《きぞう》〕（　）

(3) 柔軟《じゅうなん》⇔〔固執《こしつ》　強硬《きょうこう》　堅固《けんご》〕（　）

(4) 特殊《とくしゅ》⇔〔凡人《ぼんじん》　平易　一般《いっぱん》〕（　）

No. 53

総復習テスト①

月　日

点

目標時間：20分

合格点：80点／100点

1 次の太字の漢字の読みがなを書きなさい。（2点×16）

(1) 学者が難問に**挑**む。（　）

(2) 物陰《ものかげ》に身を**忍**ばせる。（　）

(3) 時計の針を五分**戻**す。（　）

(4) **喪**が明けるのを待つ。（　）

(5) 相手との**妥協**を図《はか》る。（　）

(6) **繊細**な造りの工芸品。（　）

(7) 悲しみを**懸命**にこらえる。（　）

(8) 周囲を見る**余裕**がない。（　）

(9) 先生の死に**哀悼**の意を表す。（　）

(10) **堕落**した生活を改める。（　）

(11)
ア 口当たりが**滑**らかだ。（　）
イ 路面が凍結《とうけつ》して**滑**る。（　）

(12)
ア スパイの**嫌疑**がかかる。（　）
イ 上司の**機嫌**を伺《うかが》う。（　）

(13)
ア 業務の**遂行**を求める。（　）
イ 人口が**逐次**減少する。（　）

2 次の漢字の部首名を（　）に書き、黒い部分は何画目に書くかを□に答えなさい。（2点×8）

(1) 肯（　）・□画目

(2) 禅（　）・□画目

(3) 頒（　）・□画目

(4) 賄（　）・□画目

裏面へ

3 次の太字のカタカナを漢字で書きなさい。（2点×10）

(1) **イコ**いのひとときを楽しむ。（　　）

(2) 電話番号を**タズ**ねる。（　　）

(3) 金の**カタマリ**を溶《と》かす。（　　）

(4) 布の**フクロ**を持ち歩く。（　　）

(5) **メズラ**しい食べ物を食べる。（　　）

(6) 雑誌に**ケイサイ**する。（　　）

(7) **カンカク**を詰《つ》めて座《すわ》る。（　　）

(8) 午前中は会議で**コウソク**される。（　　）

(9) 好きな作家の**ズイヒツ**を読む。（　　）

(10) 誤りを**テイセイ**する。（　　）

4 次の太字のカタカナを漢字と送りがなで書きなさい。（4点×5）

(1) 弁当を**タズサエル**。（　　）

(2) 新しい会社に**オモムク**。（　　）

(3) 畑に肥料を**ホドコス**。（　　）

(4) 商品の流通が**トドコオル**。（　　）

(5) 合唱祭を**モヨオス**。（　　）

5 次の二字熟語と同じ構成の熟語を、それぞれ〔　〕から選んで書きなさい。（3点×4）

(1) 愚問《ぐもん》〔日没《にちぼつ》　酷似《こくじ》　陥没《かんぼつ》　殺菌《さっきん》〕（　　）

(2) 宣誓《せんせい》〔巧拙《こうせつ》　裸体《らたい》　余剰《よじょう》　既存《きそん》〕（　　）

(3) 慶弔《けいちょう》〔御恩《ごおん》　熟睡《じゅくすい》　上棟《じょうとう》　添削《てんさく》〕（　　）

(4) 献血《けんけつ》〔検疫《けんえき》　傑作《けっさく》　水泡《すいほう》　美醜《びしゅう》〕（　　）

No. 54

総復習テスト②

点

目標時間：20分

合格点：80点／100点

1 次の太字の漢字の読みがなを書きなさい。（2点×10）

(1) 樹齢《じゅれい》三百年の**杉**の木。（　　）

(2) 二つの会社を**併**せる。（　　）

(3) 外食続きで栄養が**偏**る。（　　）

(4) 優勝チームを**褒**めちぎる。（　　）

(5) 血液が**循環**する。（　　）

(6) **過酷**な環境《かんきょう》で生き延びる。（　　）

(7) 宣伝の効果が**顕著**である。（　　）

(8) 解雇《かいこ》処分を**撤回**する。（　　）

(9) 政治の**倫理**が問われる。（　　）

(10) 証人が**法廷**に出る。（　　）

2 次の太字の漢字の特別な読み方を書きなさい。（4点×5）

(1) 布で**草履**を作る。（　　）

(2) **相撲**の歴史を調べる。（　　）

(3) **硫黄**のにおいが漂《ただよ》う。（　　）

(4) **田舎**で暮らす。（　　）

(5) **叔母**から手紙をもらう。（　　）

3 次の□□に入る漢字を書き、四字熟語を完成させなさい。（3点×4）

(1) まるで**朝三**□□のやり方だ。（　　）

(2) **天衣**□□の趣《おもむき》がある。（　　）

(3) □□**葬祭**のマナーを学ぶ。（　　）

(4) **試行**□□の末、成功する。（　　）

裏面へ

4 次の太字のカタカナを漢字で書きなさい。（2点×16）

(1) **オソ**ろしい災害に備える。（　　）
(2) 親を**シタ**う気持ちを抱《いだ》く。（　　）
(3) 雪が草原を**オオ**う。（　　）
(4) 首位の座を**ウバ**う。（　　）
(5) 同じ境遇《きょうぐう》の人を**アワ**れむ。（　　）
(6) **ジュンスイ**な気持ちで臨《のぞ》む。（　　）
(7) **ジュンタク**な資金を使う。（　　）
(8) **ジャマ**をしないようにする。（　　）
(9) **フウトウ**に書類を入れる。（　　）
(10) **ケンヤク**して貯金する。（　　）
(11)
ア 劇の**イショウ**を作る。（　　）
イ 品物に**イショウ**を凝《こ》らす。（　　）
(12)
ア 法律を**ジュンシュ**する。（　　）
イ **ソンダイ**な言葉遣《づか》い。（　　）
(13)
ア **レンカ**で購入《こうにゅう》する。（　　）
イ **ケンギョウ**農家を訪ねる。（　　）

5 各組が、(1)～(4)は類義語、(5)～(8)は対義語の関係になるように、（　）に入る漢字を書きなさい。（2点×8）

(1) 重態＝（　）篤
(2) 借金＝（　）債
(3) 忍耐《にんたい》＝我（　）
(4) 残念＝（　）憾
(5) 鈍感《どんかん》↔（　）感
(6) 偶数《ぐうすう》↔（　）数
(7) 購買《こうばい》↔（　）売
(8) 創造↔（　）倣

解答編 ANSWERS

No.01 一字漢字の読み①

1
(1)あと
(2)さる
(3)すす
(4)くる
(5)なぐさ
(6)とむら
(7)ふく
(8)はち
(9)もよお
(10)くさ
(11)たたか
(12)はな
(13)くちびる
(14)かたよ
(15)どろ
(16)あし
(17)えり
(18)たけ
(19)くだ
(20)つ

No.02 一字漢字の読み②

1
(1)にぶ
(2)あわ
(3)きも
(4)す
(5)うれ
(6)いまし
(7)かお
(8)とびら
(9)つくろ
(10)しょう
(11)さわ
(12)す
(13)ちか
(14)まど
(15)ぼく
(16)さ
(17)ふ
(18)くつ
(19)つらぬ
(20)もど

No.03 一字漢字の読み③

1
(1)すぎ
(2)みが
(3)す
(4)やわ
(5)こわ
(6)しげ
(7)か
(8)か
(9)ほ
(10)かん
(11)つ
(12)みさき
(13)は
(14)かさ
(15)も
(16)みね
(17)ただ
(18)かま
(19)みにく
(20)なげ

No.04 一字漢字の読み④

1
(1)の
(2)なわ
(3)しゃく
(4)わく
(5)ゆる
(6)こ
(7)かか
(8)みぞ
(9)お
(10)おき
(11)くき
(12)たずさ
(13)いど
(14)あた
(15)かせ
(16)う
(17)こうむ
(18)あさ
(19)くわだ
(20)しも

No.05 一字漢字の読み⑤

1
(1)しる
(2)ねこ
(3)つ
(4)かえり
(5)なが
(6)りょう
(7)めぐ
(8)うず
(9)ほたる
(10)ふ
(11)から
(12)しぶ
(13)のぼ
(14)かたまり
(15)つぐな
(16)おか
(17)しの
(18)こ
(19)すで
(20)さが

解説 1 (13)「昇《のぼ》る」は、「高い地位に就《つ》く」の意味。

No.06 一字漢字の読み⑥

1
(1)つつし
(2)たて
(3)じゅく
(4)やなぎ
(5)へだ
(6)あわ
(7)たな
(8)ぬ
(9)かわ
(10)かん
(11)うるし
(12)はだ
(13)おか
(14)つ
(15)しず
(16)すみ
(17)とどこお
(18)すず
(19)も
(20)う

解説 1 (2)「盾《たて》に取る」は、「手段・口実にする」の意味。

No.07 熟語の読み①

1
(1)かんじゃ
(2)やっかい
(3)こんちゅう
(4)けしょう
(5)ゆうかい
(6)へんせん
(7)しゅさい
(8)しんさつ
(9)さっきん
(10)はっしょう
(11)ぶじょく
(12)ばくぜん
(13)せんたく
(14)けんめい
(15)ふうとう
(16)せいは
(17)めんえき
(18)りょうてい
(19)いっせい
(20)じゅうせい

解説 1 (19)「斉」を「斎」と間違《まちが》えて「いっさい」と読まない。

No.08 熟語の読み②

❶
(1) じゅうじつ
(2) ひょうしょう
(3) しょうがい
(4) ぶんせき
(5) しょうぞうが
(6) だきょう
(7) こんだんかい
(8) かんとく
(9) けいりゅう
(10) ていさつ
(11) まんるい
(12) かいづか
(13) きょうゆ
(14) きんしん
(15) ふんいき
(16) そえん
(17) そうさく
(18) おうひ
(19) せいかん
(20) しんし

解説 ❶(15)「ふいんき」と読まない。「雰」の読みは「フン」。

No.09 熟語の読み③

❶
(1) ばいかい
(2) くんしょう
(3) ゆいいつ
(4) かんだい
(5) こんいん
(6) そしょう
(7) かきね
(8) すいせん
(9) はもの
(10) さいばい
(11) むだ
(12) ひんぱん
(13) しんじゅ
(14) どうさつ
(15) ぐんかん
(16) こうしょう
(17) たてつぼ
(18) しゅんびん
(19) しへい
(20) けんちょ

解説 ❶(3)「唯」の読みは「ユイ」。

No.10 熟語の読み④

❶
(1) じゅんかん
(2) とうじょう
(3) ほさ
(4) かいぼう
(5) じんそく
(6) けっさく
(7) まさつ
(8) ていねい
(9) がんこ
(10) みみせん
(11) こうどく
(12) たいだ
(13) てつびん
(14) じじょでん
(15) いっかつ
(16) ぞうてい
(17) せんたくし
(18) よくそう
(19) かんげん
(20) かじょう

解説 ❶(11)「購」は「溝」「講」「構」と同じ音読み。

No.11 熟語の読み⑤

❶
(1) ゆうごう
(2) きょひ
(3) ごうてい
(4) びょうとう
(5) しょさい
(6) ぐち
(7) せんじょう
(8) どじょう
(9) けんじょうご
(10) はあく
(11) えど
(12) よゆう
(13) じっせん
(14) すいみん
(15) かくしん
(16) きふ
(17) そうだい
(18) ほうしゅう
(19) かんめい
(20) かこく

解説 ❶(16)「附」は「付」と同じ意味で使われる。

No.12 熟語の読み⑥

❶
(1) かいそう
(2) ちつじょ
(3) てっかい
(4) こうてい
(5) すいしょう
(6) がはく
(7) さぎ
(8) がくふ
(9) はいし
(10) しょうじょう
(11) もうどうけん
(12) きゅうち
(13) こうとう
(14) たつまき
(15) すうはい
(16) ごうもん
(17) にんしん
(18) きょうかつ
(19) ほりょ
(20) せんさい

解説 ❶(6)「伯」は「拍」「泊」「迫」と同じ音読み。

No.13 特別な読み方

❶
(1) しにせ
(2) かな
(3) うわ
(4) おば
(5) おじ
(6) すもう
(7) うばぐるま
(8) いくじ
(9) すけだち
(10) もめん
(11) おおうなばら
(12) いおう
(13) しぐれ
(14) やまとえ
(15) ぞうり
(16) はとば
(17) さみだれ
(18) しない
(19) でこぼこ
(20) まわ

解説 ❶(19)「凹凸」だと音読みで「おうとつ」と読む。

No.14 複数の音読みをもつ漢字

❶
(1) **ア**だいきち **イ**ふきつ
(2) **ア**どうせい **イ**すじょう
(3) **ア**ちんでん **イ**ごてん
(4) **ア**けんぎ **イ**きげん
(5) **ア**いっしょ **イ**じょうちょ（じょうしょ）
(6) **ア**こうけん **イ**こんだて
(7) **ア**ろてん **イ**ひろうえん
(8) **ア**どうはん **イ**しょうばん
(9) **ア**じゃばら **イ**ちょうだ
(10) **ア**よれい **イ**ふうりん

解説 ❶(4)ア「嫌《けん》疑《ぎ》」は、「疑い」の意味。

No. 15 複数の訓読みをもつ漢字

❶
(1) アなめ
イすべ
(2) アよご
イきたな
(3) アこぶね
イふなうた
(4) アなえぎ
イなわしろ
(5) アこお
イこご
(6) アはしぢか
イろばた
(7) アきら
イいや
(8) アひそ
イもぐ
(9) アか
イかお
(10) アく
イくや

解説 ❶(4)イ「苗《なわ》代《しろ》」は「稲《いね》の種が苗《なえ》になるまで育てる田」。

No. 16 誤りやすい読み①

❶
(1) さんばし
(2) ちんぷ
(3) いつわ
(4) きょうせい
(5) わずら
(6) こうずい
(7) あいとう
(8) まかな
(9) しゃふつ
(10) いんとく
(11) ばっすい
(12) こうかくるい
(13) こうてつ
(14) しょうそう
(15) ほうてい
(16) おちい
(17) きゅうだん
(18) まいぼつ
(19) りんり
(20) しゅうねん

解説 ❶(15)「廷」は形の似た「延（エン）」と読み間違《まちが》えない。

No. 17 誤りやすい読み②

❶
(1) さえぎ
(2) だらく
(3) べんぎ
(4) まっさつ
(5) ちゅうすう
(6) せいきょ
(7) しゅうじん
(8) しさ
(9) たまわ
(10) せっとう

❷
(1) アせば
イはさ
(2) アすいこう
イちくじ
(3) アへいこう
イせっしょう
(4) アじっし
イせんかい
(5) アぎょうしゅく
イぎたい

解説 ❶(6)「逝去《せいきょ》」は、人の死を敬った言い方。

No. 18 まとめテスト①

❶
(1) こ
(2) す
(3) は
(4) くさ
(5) すみ
(6) つぐな
(7) そうさく
(8) かじょう
(9) ばくぜん
(10) かんだい
(11) きゅうち
(12) はあく
(13) しさ
(14) こうてつ
(15) アきら
イいや
(16) アこうけん
イこんだて
(17) アへいこう
イせっしょう

解説 ❶(13)「唆」は形の似た「俊（シュン）」と読み間違《まちが》えない。

No. 19 一字漢字の書き①

❶
(1) 忙
(2) 縫
(3) 憎
(4) 珍
(5) 酔
(6) 誘
(7) 詳
(8) 豚
(9) 扱
(10) 滑
(11) 鐘
(12) 癖
(13) 滴
(14) 荒
(15) 帆
(16) 致
(17) 滅
(18) 華（花）
(19) 刺
(20) 悦

解説 ❶(14)同訓異字の「粗《あら》い」と書かないように。

No. 20 一字漢字の書き②

❶
(1) 募
(2) 殴
(3) 鮮
(4) 卸
(5) 掛
(6) 魂
(7) 塊
(8) 裂
(9) 房
(10) 寿
(11) 菊
(12) 香
(13) 炊
(14) 偉
(15) 滝
(16) 擦
(17) 漏
(18) 伏
(19) 雌
(20) 掲

解説 ❶(6)「魂《たましい》」、(7)「塊《かたまり》」は、へんに注意して書き分ける。

No. 21 字漢字の書き③

❶
(1) 怪
(2) 冠
(3) 潜
(4) 影
(5) 途
(6) 恵
(7) 墨
(8) 揺
(9) 紫
(10) 乾
(11) 趣
(12) 悟
(13) 鉛
(14) 雇
(15) 占
(16) 奮
(17) 抑
(18) 幻
(19) 凝
(20) 遭

解説 ❶(19)「凝」は形の似た「擬」と書かないように。

No. 22 一字漢字の書き④

1

(1) 掃
(2) 巡
(3) 汚
(4) 慎
(5) 隔
(6) 噴
(7) 侍
(8) 驚
(9) 誇
(10) 巧
(11) 鋭
(12) 愚
(13) 婿
(14) 覆
(15) 薪
(16) 越
(17) 矛
(18) 尽
(19) 姫
(20) 傾

解説 **1** (6)同訓異字の「吹《ふ》く」と書かないように。

No. 23 一字漢字の書き⑤

1

(1) 頼
(2) 飽
(3) 綱
(4) 弧
(5) 恥
(6) 粗
(7) 穂
(8) 縛
(9) 惜
(10) 尋
(11) 控
(12) 裸
(13) 譲
(14) 鶏
(15) 崩
(16) 叫
(17) 鯨
(18) 削
(19) 桑
(20) 苗

解説 **1** (12)「裸《はだか》」は部首の「ネ(ころもへん)」に注意。

No. 24 一字漢字の書き⑥

1

(1) 慕
(2) 硬
(3) 穏
(4) 恐
(5) 揚
(6) 悔
(7) 汗
(8) 兼
(9) 炎
(10) 既
(11) 躍
(12) 湿
(13) 瀬
(14) 浸
(15) 輝
(16) 哀
(17) 袋
(18) 訴
(19) 粘
(20) 恨

解説 **1** (2)同訓異字の「堅《かた》い」「固い」と書かないように。

No. 25 熟語の書き①

1

(1) 封筒
(2) 欠如
(3) 書籍
(4) 緊張
(5) 将棋
(6) 没頭
(7) 勘定
(8) 徐行
(9) 甲乙
(10) 潤沢
(11) 陳列
(12) 肝臓
(13) 休憩
(14) 緩和
(15) 衝撃
(16) 慰労会
(17) 落胆
(18) 貫通
(19) 福祉
(20) 慕情

解説 **1** (12)「臓」は形の似た「蔵」と書かないように。

No. 26 熟語の書き②

1

(1) 喫煙
(2) 祝宴
(3) 純粋
(4) 掌握
(5) 平穏
(6) 卓越
(7) 冗談
(8) 石碑
(9) 坑内
(10) 伐採
(11) 孤独
(12) 錠剤
(13) 老婆
(14) 拘束
(15) 特殊
(16) 企業
(17) 双子
(18) 基礎
(19) 倹約
(20) 帳簿

解説 **1** (14)「拘束《こうそく》」は、「行動の自由を奪《うば》うこと」の意味。

No. 27 熟語の書き③

1

(1) 海峡
(2) 携帯
(3) 悔恨
(4) 掲載
(5) 駐車場
(6) 邪魔
(7) 巨匠
(8) 奉仕
(9) 参謀
(10) 感慨
(11) 放棄
(12) 詠嘆
(13) 待遇
(14) 摂取
(15) 皇帝
(16) 束縛
(17) 魅力
(18) 郊外
(19) 主催
(20) 輪郭

解説 **1** (13)「遇」は形の似た「偶」「隅」と書かないように。

No. 28 熟語の書き④

1

(1) 胎児
(2) 疾走
(3) 哲学
(4) 雪辱
(5) 啓発
(6) 随筆
(7) 分岐点
(8) 伴奏
(9) 邦画
(10) 敢然
(11) 空虚
(12) 概念
(13) 委託
(14) 悲哀
(15) 花壇
(16) 水晶
(17) 南蛮
(18) 契約
(19) 騎乗
(20) 発酵

解説 **1** (18)「契」は形の似た「喫」と書かないように。

No.29 熟語の書き⑤

1
(1) 刑罰
(2) 召喚
(3) 欧米
(4) 餓死
(5) 訂正
(6) 娯楽
(7) 車軸
(8) 軌道
(9) 選択
(10) 債務
(11) 卑近
(12) 養鶏場
(13) 濫読(乱読)
(14) 間隔
(15) 克明
(16) 逮捕
(17) 地獄
(18) 古墳
(19) 濃紺
(20) 陶芸

解説 1 (16)「捕」は形の似た「補」と書かないように。

No.30 熟語の書き⑥

1
(1) 偶然
(2) 開墾
(3) 霊前
(4) 家畜
(5) 佳作
(6) 湖畔
(7) 交換
(8) 窒素
(9) 幼稚園
(10) 細胞
(11) 虐待
(12) 促進
(13) 愚問
(14) 収穫
(15) 既成
(16) 審査
(17) 不吉
(18) 山岳
(19) 錯誤
(20) 海賊

解説 1 (15)「既成」は同音異義語「規制」に注意。

No.31 送りがな①

1
(1) 慌ただしい
(2) 嫁ぐ
(3) 携える
(4) 欺く
(5) 企てる
(6) 緩い
(7) 脅かす
(8) 貫く
(9) 賢い
(10) 慰める
(11) 潤う
(12) 施す
(13) 催す
(14) 焦げる
(15) 繕う
(16) 衰える
(17) 遂げる
(18) 辛い
(19) 促す
(20) 怠る

解説 1 (17)「遂」は形の似た「逐」と書かないように。

No.32 送りがな②

1
(1) 滞る
(2) 握る
(3) 凍える
(4) 伴う
(5) 漂う
(6) 妨げる
(7) 襲う
(8) 乏しい
(9) 赴く
(10) 膨らむ
(11) 仰ぐ
(12) 憂える
(13) 励ます
(14) 鍛える
(15) 陰る
(16) 埋もれる
(17) 遣わす
(18) 紛れる
(19) 耐える
(20) 侵す

解説 1 (20)「侵《おか》す」は同訓異字の「冒《おか》す」「犯《おか》す」に注意。

No.33 同訓異字

1
(1) **ア** 撮　**イ** 取
(2) **ア** 省　**イ** 顧
(3) **ア** 諮　**イ** 図
(4) **ア** 延　**イ** 伸
(5) **ア** 請　**イ** 受
(6) **ア** 射　**イ** 鋳
(7) **ア** 掘　**イ** 彫
(8) **ア** 架(掛)　**イ** 駆　**ウ** 欠
(9) **ア** 締　**イ** 占　**ウ** 絞

解説 1 (3)同訓異字の「計る」「測る」「量る」に注意。

No.34 同音異義語①

1
(1) **ア** 棄権　**イ** 危険
(2) **ア** 結晶　**イ** 決勝
(3) **ア** 軌跡　**イ** 鬼籍
(4) **ア** 該当　**イ** 街頭
(5) **ア** 岐路　**イ** 帰路
(6) **ア** 啓示　**イ** 掲示
(7) **ア** 審議　**イ** 信義
(8) **ア** 喚起　**イ** 換気　**ウ** 歓喜
(9) **ア** 契機　**イ** 景気　**ウ** 刑期

解説 1 (8) ア「喚《かん》起《き》」は「呼び起こすこと」の意味。

No.35 同音異義語②

1
(1) **ア** 危篤　**イ** 奇特
(2) **ア** 礼状　**イ** 令嬢
(3) **ア** 発汗　**イ** 発刊
(4) **ア** 衣装　**イ** 意匠
(5) **ア** 符号　**イ** 富豪
(6) **ア** 翻意　**イ** 本意
(7) **ア** 官吏　**イ** 管理
(8) **ア** 誇示　**イ** 固辞　**ウ** 孤児
(9) **ア** 警鐘　**イ** 敬称　**ウ** 継承

解説 1 (9) ア「警《けい》鐘《しょう》」け、「警告」の類義語。

No.36 誤りやすい書き①

❶
(1) 抽選
(2) 憂慮
(3) 諮問
(4) 容赦
(5) 脅威
(6) 遭難
(7) 抱擁
(8) 承諾
(9) 排斥
(10) 赴任
(11) 暫定
(12) 修繕
(13) 凝固
(14) 音符
(15) 募金
(16) 漏斗
(17) 篤実
(18) 犠牲
(19) 失墜
(20) 抑揚

解説 (5)「脅威《きょうい》」は同音異義語「驚異《きょうい》」に注意。

No.37 誤りやすい書き②

❶
(1) 滞納
(2) 巧妙
(3) 実施
(4) 精髄
(5) 嘱託
(6) 該博
(7) 忌避
(8) 閲覧
(9) 鋳造
(10) 一隻

❷
(1) **ア** 模倣 **イ** 釈放
(2) **ア** 遵守 **イ** 尊大
(3) **ア** 辛酸 **イ** 幸福
(4) **ア** 措置 **イ** 借用
(5) **ア** 廉価 **イ** 兼業

解説 ❶(7)「忌避《きひ》」は、「嫌《きら》って避《さ》けること」の意味。

No.38 まとめテスト②

❶
(1) 滴
(2) 苗
(3) 刺
(4) 驚
(5) 縫
(6) 抑
(7) 詳
(8) 輝
(9) 陳列
(10) 収穫
(11) 刑罰
(12) 卑近
(13) 召喚
(14) 細胞
(15) 緩和
(16) 掌握
(17) **ア** 請 **イ** 受
(18) **ア** 翻意 **イ** 本意

解説 (17) **ア**「請《う》ける」は「仕事などを引き受ける」の意味。

No.39 部首・画数

❶
(1) 冫・にすい
(2) 耒・すきへん
(3) 刂・りっとう
(4) 廴・えんにょう
(5) 广・まだれ
(6) 儿・ひとあし
(7) ⺍・つかんむり
(8) 㣺・したごころ

❷
(1) 5 (2) 5
(3) 13 (4) 8
(5) 17 (6) 11

❸
(1) 辶・3
(2) 頁・9
(3) 糸・6
(4) 月・4
(5) 門・8
(6) 馬・10

解説 ❶(2)「耒」は「らいすき」、(6)「儿」は「にんにょう」とも呼ばれる。❷(6)「亠 广 户 庐 庶 庶」と書く。

No.40 部首・画数・筆順①

❶
(1) 大
(2) 酉
(3) 衣
(4) 穴
(5) 石

❷
(1) 欺
(2) 老
(3) 卸
(4) 罷

❸
(1) 鼓
(2) 隆
(3) 寮

❹
(1) **ア**
(2) **ア**
(3) **イ**
(4) **イ**

解説 ❷部首はそれぞれ(1)「欠」、(2)「耂」、(3)「卩」、(4)「罒」である。❸(1)13画、(2)11画、(3)15画の漢字を選ぶ。

No.41 部首・画数・筆順②

❶
(1) 犭・けものへん
(2) 雨・あめかんむり
(3) 亠・なべぶた（けいさんかんむり）
(4) 疒・やまいだれ

❷
(1) **エ** (2) **カ**
(3) **ウ** (4) **ア**
(5) **イ** (6) **オ**

❸
(1) 3 (2) 5
(3) 7 (4) 5
(5) 6 (6) 11

❹
(1) 8 (2) 5
(3) 3 (4) 4
(5) 4 (6) 4

解説 ❸部首は(5)「木」、(6)「心」。❹(1)「⺊ 卜 广 虍 虐 虐」、(3)「丶 忄 忄 悼」、(4)「乚 凵 凹 凹」、(6)「⺕ 聿 肀 肃 粛」と書く。

No.42 二字熟語の構成①

❶
(1) 俊敏
(2) 多寡
(3) 既存
(4) 消臭
(5) 仏滅
(6) 非凡
(7) 御恩
(8) 漫然

❷
(1) 撤兵
(2) 贈答
(3) 未済
(4) 日没
(5) 水泡

❸
(1) 疎 (2) 還
(3) 愉 (4) 剰
(5) 充 (6) 託

解説 ❷構成は、(1)「下が上の動作の対象」、(2)「上下が反対の意味」、(3)「上が下を打ち消す」、(5)「上が下を修飾《しゅうしょく》する」。

No.43 二字熟語の構成②

❶
(1)かんぼつ
(2)きょしゅう
(3)やくどし
(4)けんけつ
(5)てんよ
(6)ふきゅう
(7)きでん
(8)いんせい

❷
(1)哀悼
(2)即位
(3)地震
(4)熟睡

❸
禍福・美醜・
巧拙・硬軟・
真偽・慶弔
(順不同)

解説 ❷(1)「哀悼《あいとう》」の構成は「上下が似た意味」で、ほかは「上が下を修《しゅう》飾《しょく》する」。
❸「禍」は「災《わざわ》い」、「慶」は「喜び」の意味をもつ。

No.44 三字熟語①

❶
(1)がくしゅうじゅく
(2)あねったい
(3)せんたくし
(4)だがし
(5)まてんろう
(6)うえきばち
(7)うんどうぐつ
(8)しょうかせん

❷
(1)蛍 (2)漂
(3)弁 (4)炊
(5)糧 (6)宴
(7)駐 (8)瀬
(9)登 (10)忙
(11)墨 (12)微

解説 ❶(2)「亜」は「次ぐ」の意味を添える接頭語。
❷(3)「内《うち》弁《べん》慶《けい》」は「外では意《い》気《く》地《じ》がないのに、自分の家ではいばっていること」。

No.45 三字熟語②

❶
(1)かくじっけん・あくじゅんかん
(2)りれきしょ・はいすいこう
(3)ちじょうい・じょはきゅう
((1)〜(3)は順不同)

❷
(1)無 (2)的
(3)非 (4)感
(5)不 (6)観

❸
(1)乳酸菌
(2)河川敷
(3)双眼鏡
(4)善後策
(5)記念碑
(6)免罪符
(7)裸一貫
(8)粘着力
(9)募金箱
(10)家計簿

解説 ❸(4)「前後策」と書かないように。

No.46 四字熟語①

❶
和洋折衷・面目躍如・呉越同舟・換骨奪胎・暗中模索・内憂外患・時期尚早・片言隻語
(順不同)

❷
(1)四・八
(2)三・九
(3)三・四
(4)千・万
(5)四・四
(6)一・千

❸
(1)てっとうてつび
(2)てんがいこどく
(3)ぐんゆうかっきょ
(4)しんちんたいしゃ
(5)つつうらうら(つづうらうら)

❹
(1)試行 (2)無常
(3)伯仲 (4)神出

No.47 四字熟語②

❶
(1)青 (2)快
(3)衝 (4)縫

❷
(1)心 (2)不
(3)全 (4)自
(5)息 (6)正

❸
(1)滅裂
(2)葬祭
(3)粉骨
(4)潔白
(5)西走
(6)万象
(7)不可
(8)不落
(9)自適
(10)不敵

解説 ❶(2)「快《かい》刀《とう》乱《らん》麻《ま》(を断つ)」は「面《めん》倒《どう》な事件を見事に解決すること」。
❷(5)「青《あお》息《いき》吐《と》息《いき》」は「やりくりがつかなくて困り果てること」。

No.48 類義語①

❶
(1)こうけん
(2)いかん
(3)しょみん
(4)せいきょ
(5)にんたい
(6)かんしょう
(7)こんい
(8)かもく

❷
(1)危篤
(2)拠点
(3)倫理

❸
(1)概 (2)嘆
(3)滅 (4)凡
(5)肝 (6)促

解説 ❶(2)「遺《い》憾《かん》」は「思いどおりにならず残念に思うこと」の意味で、改まった言い方。
❸(4)「凡《ぼん》庸《よう》」は「とりえがなく、人並みなこと」の意味。

No.49 類義語②

❶
(1)委 (2)措
(3)滋 (4)請
(5)廉 (6)羅

❷
(1)陰(隠)
(2)顧 (3)雄
(4)架 (5)継

❸
(1)恒久
(2)覚悟
(3)運搬
(4)落胆
(5)前途
(6)負債
(7)黙認
(8)没頭

解説 ❶(5)「廉」は「安い」の意味をもつ。
❷(5)「踏《とう》襲《しゅう》」と「継《けい》承《しょう》」は、共に「受け継ぐこと」の意味をもつ。
❸(7)「黙《もく》認《にん》」は「黙《だま》って見《み》逃《のが》すこと」の意味。

No. 50 対義語①

1
(1)そえん
(2)こうしょう
(3)はいし
(4)けんきょ
(5)きょぎ
(6)じっせん
(7)たいだ
(8)じゅうなん

2
(1)昇・降
(2)接・隔
(3)乾・湿
(4)販・購

3
(1)自生
(2)寛容
(3)稚拙
(4)分析

解説 1 (2)「高尚《こうしょう》」は「上品で程度が高い様子」の意味。 3 (2)「寛容《かんよう》」は「心が広く、人を厳しく責めないこと」の意味。

No. 51 対義語②

1
(1)歓喜
(2)拘束
(3)衰退
(4)浪費
(5)詳細
(6)特殊
(7)模倣
(8)閉鎖

2
(1)鈍・どんかん
(2)緯・いど
(3)兼・けんぎょう
(4)偶・ぐうすう
(5)否・ひてい
(6)既・きち

3
(1)義務
(2)偶然
(3)抽象的

解説 1 (7)「模倣《もほう》」は「まねること」。 3 (2)「必然」は「必ずそうなること」。

No. 52 まとめテスト③

1
(1)しんにょう（しんにゅう）・6
(2)しかばね（かばね）・15
(3)りっしんべん・11
(4)あなかんむり・15
(5)おおざと・8

2
(1)禍福
(2)陰性
(3)鶏鳴
(4)厄年
(5)愉快
(6)遮音

3
(1)双眼
(2)炊飯
(3)優越
(4)全霊
(5)躍如

4
(1)踏襲
(2)貢献
(3)強硬
(4)一般

No. 53 総復習テスト①

1
(1)いど
(2)しの
(3)もど
(4)も
(5)だきょう
(6)せんさい
(7)けんめい
(8)よゆう
(9)あいとう
(10)だらく
(11)アなめ　イすべ
(12)アけんぎ　イきげん
(13)アすいこう　イちくじ

2
(1)にくづき・2
(2)しめすへん・12
(3)おおがい・8
(4)かいへん・8

3
(1)憩
(2)尋
(3)塊
(4)袋
(5)珍
(6)掲載
(7)間隔
(8)拘束
(9)随筆
(10)訂正

4
(1)携える
(2)赴く
(3)施す
(4)滞る
(5)催す

5
(1)酷似
(2)余剰
(3)添削
(4)検疫

解説 2 (4)「賄」の「有」の部分の筆順は「ノナ有」。 5 (1)「愚問《ぐもん》」は「愚《おろ》かな問い」、「酷似《こくじ》」は「ひどく似る」で、上が下を修飾《しゅうしょく》する構成。

No. 54 総復習テスト②

1
(1)すぎ
(2)あわ
(3)かたよ
(4)ほ
(5)じゅんかん
(6)かこく
(7)けんちょ
(8)てっかい
(9)りんり
(10)ほうてい

2
(1)ぞうり
(2)すもう
(3)いおう
(4)いなか
(5)おば

3
(1)暮四
(2)無縫
(3)冠婚
(4)錯誤

4
(1)恐
(2)慕
(3)覆
(4)奪
(5)哀
(6)純粋
(7)潤沢
(8)邪魔
(9)封筒
(10)倹約
(11)ア衣装　イ意匠
(12)ア遵守（順守）　イ尊大
(13)ア廉価　イ兼業

5
(1)危　(2)負
(3)慢　(4)遺
(5)敏　(6)奇
(7)販　(8)模

解説 3 (1)「朝三暮四《ちょうさんぼし》」は「言葉巧《たく》みに人をだますこと」、(2)「天衣無縫《てんいむほう》」は「無邪気《むじゃき》で素直《すなお》なこと。詩歌や文章でわざとらしさがなく、完全で美しいこと」。